KB13868Ƽ

'NO잼'은 용서가 안된다

-아주 잼있고 유익한 특강 -

'NO잼'은 용서가 안된다

-아주 잼있고 유익한 특강 -

정관웅

종문화사

프롤로그

특강을 재구성하며 ...

기자가 '평생직장'이 될 줄은 몰랐습니다.

군대를 제대하고 첫 직장은 은행이었습니다. 숫자랑 씨름하는 일이 도무지 체질에 맞지 않아 한 달만에 사표를 던지고 두문불출 집에만 쳐 박혀 있었죠. 몇 달 동안 아침에 일어나면 막막함과 우울감은 밀려왔습니다. 여기저기 신입사원 모집에 응시하다가 걸려든 게 MBC였죠. 당시 88올림픽을 앞두고 기자 직종만을 뽑는데 합격한 것이죠.

기자생활은 내가 상상하던 직업과는 멀기만 했습니다. 하루 종일 정신없이 뛰다가 밤늦게 퇴근해서 뻗으면 곧 다음 날 아침이었고 또다시 숨가쁜 일과가 반복되었죠.

그래도 80년대 방송사는 칼라TV의 개막과 함께 황금알을 낳는 거위 였고, 해가 갈수록 월급이 뛰어올라 현금 받는 재미가 쏠쏠했습니다. 프로그램을 제작할 때는 위장병을 달고 살았고 머리를 쥐어짜기도 했지만, 주변의 칭찬(?)을 받을 때는 우쭐하기도 했지요. 그렇게 지내다 보니 30년의 세월이 훌쩍 지나 버렸습니다.

대학에서 강의할 줄은 상상도 못했습니다.

회사를 퇴직하고 사실 제2의 인생이고 뭐고 아무 계획도 없었습니다. 그저 결대로 또 흘러가는 대로 살고 싶었어요. 막상 몇 달을 놀고먹기만 하니 살짝 우울하기도 하고 불안감도 있었죠.

그 시절, 선배 한 분이 '방송문화진흥회'에서 대학강의 지원사업을 하고 있으니 지원해보라고 권유했습니다. 현역 기자시절 한 번 150명의 수강생 앞에서 4시간 특강을 한 적이 있었는데 꽤나 부끄럽고 힘들었던 기억이 남아 있었습니다.

아무 준비도 없었는데 막상 매주 3시간을 14번 강의한다고 생각하니 아찔했어요. 온종일 강의준비에 매달렸고, 공부하면서 한주 한주 때웠습니다. 그래도 '교수님'이라는 학생들의 호칭이 직장에서 '국장님' 소리 듣던 시절보다 훨씬 기분이 좋더라고요. 재미를 붙일 만하니, 어느덧 4년이란 시간이 훌쩍 지나가 버렸지요.

책을 펴낼 줄을 누가 알았겠습니까?

"아무리 허접한 책이라도 책을 쓴다는 건 엄청난 일이다"

디클랜 캐신(영국인)이 38세의 인생을 맞이하면서(turn 38) 배운 '38개의 인생교훈'을 자신의 트위터에 올린 글을 보고, 나도 "엄청난 일"을 벌여보자는 충동이 일었습니다. 현역 기자시절 책 출간을 준비하다가 중도 포기한 적이 있어서, 다시 한 번 도전 하고픈 생각도 들었지요. 그렇게 저자란 이름을 내걸고 허접한 책을 세상에 내놓습니다.

삶이 그렇듯 MBC에 입사하고, 강의를 시작하고, 또 책을 펴내는 작업 모두가 '어쩌다'와 '얼떨결'에서 출발했지요. 그 바닥에는 무기력과 우울함을 벗어나고자 하는 욕망이 원동력이 되었는지 모릅니다.

책은 중앙대에서 강의했던 「콘텐츠와 미디어 쟁점」을 바탕으로 엮어보았습니다. 이 강좌는 학생들 사이에서 나름 인기 강좌로 손꼽혔고, 총장으로부터 '우수 강사상'을 수상한 바 있었지요. 아마도 그런 요인들이 펜을 들게 하는 자만심과 무모함을 부추겼나 봅니다.

처음 글을 쓸 때는 부제처럼 '아주 재밌고 유익한 특강'을 지면으로 옮기면 아주 쉽게 마무리할 것으로 생각했지요. 하지만 말로 진행하던 강의를 글로 옮긴다는 게 결코 간단치 않음을 깨달았죠. '말과 글'의 간극은 컸음을 다시 한 번 체감했습니다.

No잼은 용서가 안된다.

챕터는 학기 강의 형식(14주)에 맞춰, 매주 1가지 주제로 '14개의 특강'으로 재구성했습니다. <No잼은 용서가 안된다>라는 책 제목처럼 강의 중 학생들의 주목도와 호응도가 높았던 부분을 발췌했으며, 각 특강마다 주제별로 다양한 예시와 에피소드를 통해 '재미와 유익'을 주려고 꾸며봤습니다.

14개 챕터는 30년 방송 취재 현장과 제작과정에서 벽에 부딪혔던 체험적 사례와 방송계 지망생(기자, PD, 작가, 광고)들에게 꼭 필요하고 유익한 부분이라고 생각하는 부분을 발췌해 봤습니다.

　책의 전반부는 언론계 지망생에겐 생존의 필수조건인 '콘텐츠 기획과 제작'에 초점을 맞췄습니다. 이제 방송사라는 플랫폼보다는 오직 콘텐츠가 거대한 무기인 시대입니다.

　<놀면 뭐하니>, <미스터트롯>과 같은 프로그램만이 기억되고 있습니다. 아무리 디지털 시대라지만 모든 콘텐츠의 본질은 인간의 '아날로그 감성'에서 출발합니다. 콘텐츠와 연애의 목표는 필시 상대의 마음을 훔쳐야 된다는 점에서 '아날로그 감성'의 중요성을 강조하고, 그 열쇠인 '유혹의 기술'을 탐구하고자 했습니다.

　책의 후반부는 모든 방송 콘텐츠의 핵심인 영상과 글쓰기에 중점을 두었습니다. 예시와 인용을 통해 영상에 녹아드는 글쓰기 기술을 제시하고 있습니다. '방송기사 쓰기'는 제목과 리드 잡기, 인터뷰와 스토리의 구성 그리고 메시지 뽑아내기가 핵심이고 거기서 우열이 판가름 나기에 별도의 챕터로 구성했습니다.

　책은 강의실의 생생한 현장감을 전달하기 위해 수업 때 활용하던 PPT 화면을 지면에 배치했고, 대화체 형식으로 독자들도 강의실에서 직접 듣는 효과를 노려봤습니다. 요즘 같이 언택트(비대면) 강의 시대에 적합하고 유익한 강의인지는 독자들에게 물음을 던집니다.

　지금 방송계는 지각 변동 중입니다. 1인 크리에이티브의 등장은 방송 뉴스를 포함해 콘텐츠의 개념과 경계마저 무너뜨리고 있죠. 이 순간에도 수많은 학생들과 언론계 지망자들이 방송기자와 PD 그리고 작가 등, 콘텐츠 생산자를 꿈꾸고 있습니다. 하지만 이들이 방송사에 입사해서 막상 현업에 투입되는 순간, 글쓰기와 콘텐츠 제작이라는 벽을 절감하게 됩니다.

이 책은 학술적이고 이론적으로 서술하고 있지 않습니다. 기자생활 30년의 현장경험과 초빙교수 4년의 연구를 후학들과 함께 나누기를 바라면서 책을 세상에 내놓습니다. 독자들이 '유쾌'하게 책을 읽는다면, 단 한 줄이라도 '기억'에 남는다면 그리고 언론계 지망생으로서 '자극'을 받는다면 나로선 '더할 나위 없는 기쁨'이 될 것입니다.

그럴 듯하게 한 권의 책으로 꾸며주신 임용호 대표와 출판관계자에게 감사드립니다. 또한 출간을 위해 지원과 격려해준 '방송문화진흥회'에 깊은 고마움을 전합니다.

3월의 어느 날, 카페에서

CONTENTS

CONTENTS

CONTENTS

'말빨과 글빨'이
최고의 스펙이다!!

'말빨과 글빨'이 최고의 스펙이다!!

1-1. 대한민국 남자를 미치게 하는 건 '리액션'이다

정말 무지막지한 여름이었죠! 방학 잘 보냈나요? 아무도 반응이 없네요.(웃음) 이제 여러분이 미워하는, 끔찍한 개강일입니다. 4학년 학생들은 이제 막학기라고 하는데, 정말 막막한 막학기죠. 2학기 첫 수업입니다. 안녕하세요?

개강에 맞춰서 새 구두를 신었는데요. 남자들은 발끝에서 품격이 완성된다고 하잖아요. 오늘 이렇게 고품격 완성품으로 여러분 앞에 섰습니다. 사실 나에겐 애정결핍증이 있어요. 사랑받지 못하면 오래 서 있지를 못하고 직립 보행도 가능하지 않답니다.(웃음) 열렬한 환영

은 아니더라도, 제발 박수 한 번 쳐 주시기를 부탁드립니다.(박수)

요즘 TV 예능 프로를 보면, MC 주변에 리액션 잘하는 연예인들이 포진해 있죠. 리액션 하나로, 고정 출연하는 연예인도 있습니다. 리액션 하면 방청객들을 빼놓을 수 없는데요. '우 … ' '와 …' 연신 감탄하고 박장대소하고. 정말 나 홀로 방청석만 신납니다. "대한민국 남자를 춤추게 하는 건 아파트도 주식도 아니다! 바로 리액션이다"라는 말이 있습니다. 상사나 광고주에게 잘 보이려는 리액션을 '자본주의 리액션'이라고 한다죠?

방송사 부장 시절, 회의시간이나 회식 때 내가 한마디 하면 "역시" 하며 엄지척을 하거나 "아무나 부장을 하는 게 아닌 모양이다" 하며 맞장구를 기막히게 하는 친구가 있었는데요. 그렇게 기분이 좋을 수가 없어요.

담당 부장이었던 내가 그 친구에게 무슨 고과 평점을 줬는지는 굳이 얘기하지 않겠습니다.(웃음) 이번 학기에 리액션 좋은 학생 역시 학기 끝나고 무슨 평점을 받을지에 대해서도 굳이 말하지 않겠습니다.(웃음)

1-2. '취직 vs 퇴직' … 어느 것이 더 쉬울까?

대학생들은 자신들이 우리 사회에서 가장 고단하고 불행한 세대라고 생각하죠. 천부당만부당한 말씀입니다.(웃음)

〈취업포탈 사람인〉이 20~30대 1,797명을 대상으로 조사한 '삶의 행복지수'에 따르면, 도표(통계1)에서 보다시피 대학생의 행복지수는 62점이지

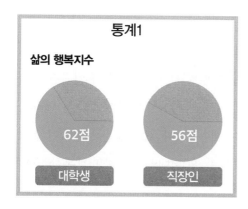

통계1

삶의 행복지수

62점 대학생

56점 직장인

만 직장인의 행복지수는 56점이에요. 직장인 역시 대학생 못지않게 헬조선에서 허덕거리고 있다는 겁니다. 〈잡코리아〉가 2019년 신입사원을 선발한 543개의 기업을 대상으로 조사한 결과, 신입사원 5명 중 1명이 입사 후, 1년 이내에 조기 퇴사했다죠. 청년실업과 취업대란이라고 아우성인데, 갓 입사한 직장인의 20%는 직장을 그만둔다는 현실입니다.

방송사 신입사원이 됐을 때 예수 말씀처럼 "다 이루었다"는 기분이 들었지요. 하지만 입사한 지 1년도 안돼 내 재킷 안주머니 속에는 사직서가 들어 있었는데요. 중학생에겐 중2병, 대학생에겐 '대2병'이란 게 있다죠? 직장인도 2년차 직장병이 존재한답니다.(웃음)

1980년대 MBC에 입사해서 처음 스포츠국 기자로 발령났는데, 주로 생방송을 담당했어요. 야구 중계 스코어 숫자판에 직접 색종이를 가위로 오려 붙이곤 했습니다. 상상이 가나요? 기자가 가위를 들고 마치 초등생처럼 색종이 오리는 모습이 ...(웃음)

요즘은 스튜디오 촬영 시 크로마키(화면 합성)로 배경화면을 꾸미지만, 당시는 큐 사인이 오면 두 명의 기자가 무대 세트의 문을 직접 손으로 열고 닫곤 했어요. 마이크를 잡고 폼나게 리포트하는 모습을 꿈꿔 왔는데, 환상은 잠시였었죠.

당시 밤 12시에 하는 프로야구 하이라이트 때문에 늘 자정을 넘겨야 끝나고, 스포츠 중계가 몰려있는 주말은 제대로 쉬어 본 적이 없었어요. 무엇보다 분한 것은 당시에는 '시간 외 수당', '휴일 수당'이란 제도가 있지도 않았지요.(웃음) 매일 아침 8시 반마다 회의는 열리고, 부장님의 훈시는 2시간 가까이 계속됩니다. 요즘 젊은 세대들이 '꼰대와 라떼'문화에 질겁한다고 하지만, 80년대와 비교하면 행복한 줄 알아야 해요.(웃음)

당시 부장은 "라떼에는" "라떼에는"을 입에 달고 살았어요. 80년대는 권위주의 시절이라 누구 하나 끽소리도 못하고 듣고만 있어야 했지요.

세월이 흘러 부장과 국장이 되다 보니 내가 가장 많이 쓰는 단어가 '라떼에는'이 됐더라고요.(웃음)

"'becoming(~이 되는 것)'과 'being(~으로 사는 것)'의 차이는 상당히 크다. 재벌집 며느리가 되는 것(becoming)과 그 집안 며느리로 하루하루를 사는 것(being)은 아주 다른 얘기다."

서은국 교수의 저서 『행복의 기원』에 나오는 글인데요. 재벌집 며느리가 되기까지는 꿈결 같은 시간이겠지만 재벌집 며느리로 사는 순간 '행복 끝'이라는 거겠죠. 실제 재벌집 며느리가 된 연예인이나 스타들이 얼마 안 가 이혼이나 파경했다는 소식을 심심찮게 접하게 되잖아요.

마찬가지로 대기업 신입사원 공채에서 합격한 순간과 대기업 사원으로 하루하루 쪼이고 치이면서 살아가는 것의 차이는 당사자들만이 체감할 겁니다. 대기업이 그냥 봉급 많이 주겠어요? 보통 기업들의 경우 6개월 단위로 인사 발령이 나는데, 승급과 승진 또 보직인사에서 누락되면 정말 때려치우고 싶은 마음이 굴뚝같죠. 내가 그랬어요.(웃음) 동기에게 승진에서 밀려도 화가 나는데 후배에게마저 밀리면, 자존감은커녕 자신이 미워집니다.

　조직은 전혀 인간적이지 않고 그리 간단치도 않아요. 입사해서 적당히 그리고 대충 지내면 되겠지 하다가는 조직에서 정말 적당하게 그리고 대충 취급받습니다.(웃음) 그렇다고 사표를 던지진 마세요. 시간이 지나니까 부장도 하고 국장도 하더라고요. 참아 보세요. 뛰쳐나간다고 달리 뾰족한 수도 없잖아요?

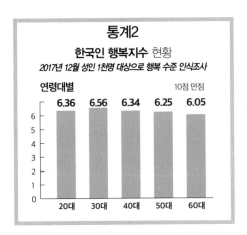

도표(통계2)는 한국보건사회연구원이 2017년 12월 성인 1천 명을 대상으로 '연령대별 행복지수'를 조사한 건데요. 도표를 보면 20~30대가 가장 행복하고 나이를 먹을수록 행복은 멀어져 가고 있어요. 여러분 입장에선 말도 안되는 통계이겠지만, 통계가 그렇다는데 어쩌겠어요.(웃음)

"첫 직장 찾아 나선 '젊은 세대' vs 제2의 직장 찾아 나선 '퇴직세대'"

　내가 여러분에게 묻고 싶은 게 있는데요. '일하고 싶어도 취업을 못하는 젊은 세대'와 '퇴직해서도 또다시 일자리를 찾아야 하는 부모세대' 중, 누가 더 불행한 세대일까요? 젊은 층만 불행한 세상이 아니라 말을 안 해서 그렇지 모든 세대가 너나없이 고단한 세상인거죠.

취업하겠다고 '학점관리', '스펙관리'에 골머리를 앓는 여러분 앞에서 퇴직세대와 비교한다는 것이 어처구니없는 막말로 들리겠지만요. 취직만큼 무사히 '정년퇴직'을 한다는 것도 쉽지 않고, 퇴직해서도 세상은 망막하다는 얘기입니다.

오늘은 개강 첫날, 특강 주제는 〈말빨과 글빨이 최고의 스팩이다!〉로 잡아봤어요. 자소서와 면접과정에서 말과 글은 당락을 가릅니다. 더욱이 블라인드 채용 시대에선 말과 글의 중요성은 말할 필요가 없겠죠. 비단 취업과정뿐 아니라 직장생활에서도 성패를 좌우합니다. 합격과 성공을 불러오는 말과 글은 도대체 어떤 것인지, 공부해 봅시다.

직장생활을 오래하다 보면 좋은 동료도 만나지만 개거품을 물면서 악소문을 퍼뜨리는 적군들이 꼭 1~2명은 나타나게 마련입니다. 소속 부장이 적일 때도 있고 바로 옆에 동료가 적일 때도 있죠. 싸움만 잘하면 다 죽여 놓을 텐데. 싸움을 못해서 참고 지냈어요.(웃음)

악소문은 부정적인 이미지를 만들고, 자칫 기정사실이 되곤 합니다. 어떤 선배로부터 들은 이야기인데요. '직장에서 17명을 내 편으로 만들면, 성공한다'는 거예요. 왜 17명인지 아나요? 그게 나도 궁금해요.(웃음) 아마 일과 관련해, 늘 부딪혀야 하는 주변 선배 동료들의 숫자 아닐까 합니다. 17명의 우군들이 나에 대해서 '일도 잘하고 썩 괜찮은 친구'라고 칭찬하며 방어벽을 치면, 적군들은 감히 악소문을 퍼뜨리지 못합니다.

1-3. 최고의 무기 … : 말센스와 글솜씨

직장생활하면서 느낀 것이 있는데, 소위 잘 나가는 친구들의 특징이 있더라고요. 상사와 동료들에게 칭찬받고 귀염 받는 비결이 있어요. 난 늘 칭찬 듣는 게 그리웠기에, 누구보다 잘 압니다.(웃음)

'말 센스'가 있는 친구들이, 대개 높은 분들의 사랑을 받고 승진도 잘 하더라고요. 똑같은 농담을 하더라도 주변에 폭소를 팡팡 터뜨리는 사람이 있는가 하면, 주변을 싸늘하게 만드는 놀라운 재주를 가진 사람도 있어요. 재치 있고 맛깔 나는 워딩을 구사하는 친구는 동료에게도 상사에게도 호감을 불러오고 환영받기 마련이죠. 때론 '아부의 기술'도 필요합니다. 어느 신문칼럼에서 보니 "나이 먹고 지위가 올라갈수록 비타민처럼 '일일 아부 권장량'을 섭취해야 한다"고 합니다.(웃음) 단, 아부같기도 또 아부같지 않은 경계선상의 표현을 구사해야 한다는 거죠. 아부는 때론 조직생활에 윤활유 역할을 하지만 자칫 주변 동료들 입장에서는 아주 밥맛이죠.

요즘 세상엔 후배들에게도 잘 보여야 합니다. 부장급 이상 올라가면 후배들에게 역전당하는 일이 비일비재해요. 미래는 누구에게 무슨 일이 생길지 아무도 몰라요. 후배가 하는 짓이 못마땅해도, 동료들 앞에서 대놓고 욕하지 마세요. 질책은 하되, 마지막엔 좋았던 점 한마디 '칭찬'을 빼놓지 마세요. 칭찬은 관계를 창조한다고 하잖아요. 훗날 우군이 됩니다. 가능한 한 칭찬을 남발하기를 강추합니다.(웃음)

말 한마디로 낭패를 보는 경우가 참 많지요. 정세균 국무총리는 한 음식점에서 "코로나 때문에 손님이 적으니 편하시겠다"라고 말했다가 곤혹을 치렀습니다. 정 총리는 농담이었다고 수습에 들어갔지만, "지금이 농담할 때냐"고 오히려 후폭풍에 휩싸였지요.

황교안 자유한국당 전(前)대표는 반려동물 관련 총선 공약을 발표하면서 "저도 몇 년 전에 반려동물을 키우다가 14년 만에 '작고'를 하셨다"라고 했는데요. 사람이 죽을 때 높여 쓰는 '작고'라는 표현을 써 몰매를 맞았습니다.

개그계의 대부 임하룡은 한 예능 프로그램에서 자신의 40년 롱런비결은 "조심"이라고 말하더라고요. 정치인, 예술인, 방송인 등 많은 유명인사의 경우, 말 한마디 삐끗했다가 화려한 경력을 마감하는 숱한 사례를 목도하잖아요.

"내일 아침까지 술을 마실 준비가 돼 있다."

(I'm ready to drink tonight, until next morning)

영화 「기생충」으로 오스카 4관왕에 오른 봉준호 감독의 수상소감이죠. 수상의 기쁨을 이렇게 한마디로 표현했는데요. 재치 넘치는 봉

감독의 입담에 객석은 물론 현지 언론과 SNS상에선 웃음과 갈채가 쏟아졌죠. 아카데미 수상도 대단한 일이지만 봉준호의 말빨이 콧대 높은 헐리우드를 사로잡은 것입니다.

"뮤지션에겐 은퇴란 없대요. 음악이 사라지면 멈출 뿐이죠.
제 안엔 아직 음악이 남아 있어요."

스토리는 잊어도 대사 한마디는 잊히지 않는 영화가 있죠. 바로 영화 「인턴」에 나오는 대사가 그렇습니다. 「인턴」에 응모한 70세 로버트 드니로의 면접 영상에 나오는데, 참으로 인상적이죠. 영화라고는 해도 70대 노인의 열정은 고급스러워 보이고 매력적으로 다가옵니다.

"21세기는 '매력의 시대'"

한 방송에서 범죄 심리학자 박지선은 "모두 너보다 똑똑하다!"고 말한 적이 있는데요. 범죄자들에게 죄를 저지르면 반드시 잡힌다고 강조한 얘기지요. 세상에는 나보다 머리 좋고 똑똑한 사람이 널려 있어요. 난다 긴다 하는 놈들 속에서 잔머리로 승부를 벌이다가는 무난히 집니다.(웃음)

21세기는 '매력의 시대'라고 합니다. 『매력 자본』의 저자 하킴은 매력은 일상을 지배하는 '조용한 권력'이라고 말했지요. 스펙도 없고 빽도 없고 머리도 고만고만하다면, 매력으로 승부해야 할 겁니다. 매력은 종종 말에서 나옵니다. '말 한마디'는 사람들의 이목을 집중시킬 뿐 아니라 호감을 불러오죠. 비록 높은 자리에서 권력을 휘두르지는 못하더라도, 일상에서 주변을 지배해 보자고요.

"OOO기자 OOO기자 리포트를 보면서 꿈을 키웠습니다.

10년차 때는 방송 관련 책을 한 권 쓸 수 있게끔 잘하고 싶습니다."

어느 방송사 신입사원 면접에서 한 응시자에게 입사 동기를 물어보자 이런 말을 했다죠. 응시자는 방송기자에 대한 자신의 꿈과 미래를 아주 매력적으로 표현했죠. 면접을 볼 때, 뭔가 준비한 멘트처럼 어색하거나 어설프면 거기서 끝입니다. 입에 달라붙도록 연습하세요. 자연스럽게 또 당당하게 말하면, 나 같은 심사위원들은 쉽게 속아 넘어갑니다.(웃음)

취업의 첫 관문인 자기소개서 작성과 면접 과정은 글과 말의 테스트죠. 취업을 앞둔 학생에게서 자소서를 검토해 달라는 부탁을 받곤합니다. 자소서를 보노라면 깜짝 놀라는데요. 화려한 스펙과 봉사활동, 리더십 열정 그리고 창의성까지, 세상에 이렇게 놀라운 인재를 본적이 없어요.(웃음)

MBC 부장과 국장 시절, 몇 번 신입사원 면접위원으로 참여한 적이 있습니다. 인사부로부터 서류와 필기시험에 통과한 응시생 150명 정도의 자소서를 받는데요. 처음엔 꼼꼼히 읽어보고 감탄하는데요. 한 30-40명 정도의 자소서를 읽다 보면, 모두가 비슷비슷해요. 미안한 얘기지만 다음 자소서는 대충 훑어봅니다.(웃음) 누구를 뽑아도, 누구를 탈락시켜도 대세에 지장 없다는 생각이 들지요.

1-4. "도발적 '자소서'의 합격 … : 펀치라인(Punch-line)의 위력"

> **사례1** 대학 졸업할 때까지 사귀었던 남자친구가 24명입니다.

'**사례1**'은 광고기획자인 김동욱의 『결국 컨셉』이란 책에 나온 자기소개서인데요.

광고회사 신입사원 모집에 지원한 한 응시생의 자소서 첫 줄이랍니다. "대학시절 남자 친구가 24명이었다"는 자소서는, 뭘 어쩌자는 건지 도발적이기 짝이 없어요.(웃음) 자소서가 주목을 끈다는 점에선 성공적입니다. 자소서를 보내온 친구는 도대체 어떤 여성일지, 궁금증도 불러옵니다. 저자는 당시 면접위원으로 참여했다는데, 이 글에 소위 꽂혔다고 합니다.

응시생은 지방대 출신이었는데, 어떤 친구인가 궁금하기도 했고, 무척 특이한 친구일 것 같았다고 말합니다. 한번 같이 일하면 어떨까 하는 유혹도 생겼답니다. 그녀가 스펙으로 내세운 건 '화려한 연애'였는데, 결과는 합격이었습니다. 연애 잘하는 친구라면, 연애편지도 많이 써 봤을 테니 소비자를 유혹하는 광고 카피에도 뛰어나겠죠. 또 연애를 잘한다는 건, 그만큼 공감능력이 뛰어나다는 걸 의미할 수도 있습니다. 소비자의 마음을 사로잡아야 하는 광고회사 입장에서는 어쩌면 최적격자를 뽑은 지도 모릅니다.

지난 학기 때 간단한 자기소개를 써보라고 했는데요. 한 학생이 "**나의 장점은 성격이 좋다**"며 자기소개를 했어요. 스스로 자신을 내세우면 낯간지럽잖아요. "**주변 사람들은 나를 보면 기분이 좋다고 말한다**" 이렇게 객관화시키면 훨씬 설득력이 있지요.

또다른 학생은 **"똑똑하지는 않지만 열심히 하는 편이다"**고 자기 소개를 했어요. 솔직한 건 좋지만 똑똑하지 않다는 사실을 대놓고 강조까지 할 필요가 있나요.(웃음) 취업 '자기 소개서'에는 이렇게 솔직하게 쓰진 않겠죠?(웃음)

"똑똑하게 보다는 똑부러지게 일하는 편이다" 이렇게 단점을 말하더라도 반전과 역설을 꾀해야 인사담당자의 주목도가 높아질 거예요. 영화나 가요계에선 흔히 펀치라인(punch-line)이란 말을 씁니다. 기발하고 기억에 남는 한마디입니다. 잘 쓰는 것보다 눈에 띄게 써야 합니다. 펀치라인이 대중을 사로잡는 키포인트이듯, 자소서에서도 심사위원의 시선을 사로잡는 세일즈 포인트를 꼭 부각해야 한다는 겁니다.

사례2   **1 지원동기 및 입사 후 계획(포부나 비전 등)을 구체적으로 기술해 주세요.**

[부고] OOO 전 한국PD연합회회장이 7월 동교동 자택에서 사망했다. 향년 85세. 그는 "인간의 눈을 장착한 카메라로 동시대의 아카이브를 만들어내었다"는 기획의도로 큰 감동을 자아냈던 MBC 간판 프로그램 휴먼다큐 '인기척'(人氣陟)의 연출자로 이름을 알렸다.
(중략) 2009년 MBC에 입사한 후에는 아날로그적 감성, 피사체의 시선에 맞춘 따뜻한 카메라로 인물다큐의 스타로 떠올랐다.
<세운상가 재개발한 10년, 사라진 사람들은 어디로> 편으로 2020년 백상예술대상 TV부분 최우수상을 받기도 했다

'사례2'는 MBC 시사교양국 PD 부문에 응시한 한 지원자의 자기소개서인데요. MBC PD들 사이에선 유명한 자소서 중 하나로 꼽혔다고 합니다. 부고형식으로 자신의 이력과 포부를 작성한 콘셉이 눈길

을 끌지요. 일단 형식과 구성이 독특하다 보니, 자소서는 일단 면접위원들의 호기심을 자극하고 시선을 빼앗습니다. 자소서는 많이 나열하는 것보다, 인상적인 한마디를 남기든가, 기발한 콘셉을 고민해 보세요. 일단은 서류통과가 목적이잖아요. 대개 면접위원들은 자소서를 보고 질문을 합니다.

자소서가 면접위원의 궁금증을 유발해서 예상 질문을 유도할 수 있다면 절반은 성공한 셈입니다. 질문을 예측할 수 있다면, 답은 각자 알아서들 준비하세요.(웃음) 글 솜씨는 자소서 작성에도 효과적인 도구이겠지만, 정작 언론계에 입사해서 기자로 살아남으려면 꼭 필요한 무기입니다.

MBC 보도국에는 유명한 일화가 있는데요. 영어 스펙이 주요 선발 기준의 하나였던 시절이 있었죠.

"김씨는 차에 맞아 죽었습니다" (hit and killed by the car)

원어민 이상으로 영어에 능통한 신입사원이 교통사고 사망기사를 쓰면서 가져온 기사였죠. 아마 오랫동안 미국에서 살다 보니, 수동태 형식의 기사를 쓴 것인데요. 그 이후 MBC 신입사원 심사에서는 영어 스펙보다는 우리 말 실력이 더 중요함을 인식하고 영어의 비중을 줄이기도 했었죠.

방송작가 박경덕은 "말과 글 사이에 허들이 있다"고 말합니다. 기자들은 기사 작성하기 전 취재 내용을 구두 보고합니다. 말로 보고한 내용은 그렇게 흥미진진할 수 없는데, 정작 기사를 보면 영~~ 아닌 경우가 있어요. 자신의 보고 내용과 자신이 쓴 기사 사이에는 허들이 존재하는 경우죠. 말 잘하는 기자와 글 잘 쓰는 기자는 별개라는 거예요. 자소서와 면접에서도 말과 글의 허들을 뛰어 넘고 간극을 줄여야 합니다.

말과 글은 사람을 움직이는 '최고의 무기'

이번 학기 동안 적극적인 발표와 과제를 통해 '말빨과 글빨'을 늘려 봅시다. 여러분의 전공은 커뮤니케이션이잖아요. 소통(疏通)의 핵심은 말과 글이고, 말과 글의 포인트는 통(通)해야 한다는 사실, 누구보다도 잘 알 겁니다. 말이 통하지 않는 친구만큼 환장할 노릇도 없잖아요.(웃음)

하긴 예능 프로그램 〈놀면 뭐하니〉에 출연하는 예능인 김종민을 보면, 말귀를 못 알아듣고 말이 통하지 않는 게 오히려 인기비결이더라고요.(웃음) 아마 '김종민 식'의 매력적인 소통방법일 겁니다.

말빨은 사교력을 향상시키고 글빨은 자존감을 높여줍니다. 말과 글은 취직을 하기 위해서, 또 정년까지 잘 버티게 해주는 최고의 스펙이자, 최고의 무기라는 점을 다시 한 번 강조합니다.

고개를 들어 하늘을 보라

그 덧없는 아름다움에 경탄하라

그리고 구름 위에 머리를 두고

사는 듯

공상을 즐기며 인생을 살라

구름 감상협회 선언문 중

혹시 구름 감상협회라고 들어보셨나요? 위의 선언문을 보면 "덧없는 아름다움에 경탄하라"고 나와 있는데, 그야말로 뜬구름 잡는 협회입니다.(웃음)

나는 취미가 없는 부류지만, 종종 산책하면서 하늘을 쳐다보는 게 낙입니다. 푸른 하늘을 올려다보면서 공상과 망상에 빠져들곤 합니다. 솜사탕처럼 떠도는 구름을 따라가다 보면 박근혜 전(前)대통령이 말한 '우주의 기운'까지는 아닐지라도...푸른 창공의 기운이 평온하게 만들어 준답니다. 믿습니까?(웃음) 어쩌면 파란 하늘은 돈 안 드는 소확행이죠.

여러분 힘드시죠? 짜증나시죠? 불안하죠?

수업을 마치고 강의실을 나서자마자 고개를 들고 드높은 가을 하늘을 보자고요. 감탄하고 공상의 나래를 펴보자고요.

'라떼에는' 첫 수업은 원래 휴강이었는데, 길어졌습니다. '최고의 명강이 휴강보다 못하다'는데, 미안합니다. (웃음)

특강2

바보야! 문제는 '콘텐츠'야

(It's the contents, stupid!)

바보야! 문제는 '콘텐츠'야 (It's the contents, stupid!)

2-1. 빅데이터 시대와 시인의 눈

나뭇가지가 바람에 뚝뚝 부러지는것은
나뭇가지를 물고 가 집을 짓는 새들을 위해서다

만일 나뭇가지가 부러지지 않고 그대로
나뭇가지로 살아 남는다면
새들이 무엇으로 집을 지을 수 있겠는가

만일 내가 부러지지 않고 계속 살아남기만을
원한다면 누가 나를 사랑할 수 있겠는가

'부러짐에 대하여' 정호승

오늘은 한 편의 시로 시작하겠습니다. 고품격 강의 같지 않나요?(웃음)

시인 정호승은 시, 「부러짐에 대하여」에서 '바람에 나뭇가지가 부러지는 이유가 바로 새들이 집을 짓기 위한 것'이라 하는데요. 혹시 숲속을 걷다가 나뭇가지가 부러진 이유를 생각해 본 적이 있나요? 솔직히 난 한 번도 이런 생각해 본 적이 없거든요. 나뭇가지가 바람에 흩어져 날려도, 새들이 집을 지어도 궁금하지 않았거든요.(웃음) 역시 시인은 자연의 이치와 섭리에 많은 관심을 갖는 모양입니다. 부러진 나뭇가지와 집짓는 새들을 유심히 관찰했을 겁니다. 시인은 '나'도 부러져야 함을 강조합니다. 시인의 눈을 통하면 '부러진 나뭇가지'를 보고도 이렇게 인간에 대한 통찰력을 얻는가 봅니다.

"지금은 콘텐츠 시대이고 콘텐츠 세상입니다!"

콘텐츠가 있다는 것은 무엇을 의미하나요? 세상을 읽는 통찰력 또 아이디어를 뽑아내는 창의력을 말할 겁니다. 이런저런 정보와 자료는 잘 취재해 오는데, 정리가 안되는 친구들이 있어요. 이어령 박사는 "데이터가 아무리 많아도 유효한 것을 끌어내려면 항상 촉을 세우고 있어야 한다"고 강조하고 있어요.

빅데이터 시대라고 하지만 인간의 촉과 감성이 살아있어야 핵심과 본질에 접근할 수 있다는 얘기입니다. 현재 유튜브에 개설된 채널수는 2,400만 개에 이른다고 하죠. 무수한 콘텐츠 세상에서 '누구도 발견하지 못한 콘텐츠'를 찾아내야 살아남습니다.

한 줄의 시를 얻기 위해 시인의 촉은 늘 예민하게 깨어있습니다. 나뭇가지 하나에서 '부러짐의 철학'이 나올 수 있는 것도 늘 감각을 열어 놓고 있기에 가능할 겁니다. 빅데이터 시대일수록 시인의 예리한 눈과 통찰력은 더욱 요구되고 있는 이유겠죠.

특강 제목, '바보야! 문제는 콘텐츠야'에서 보듯, 세상은 콘텐츠가 없으면 바보라고 부릅니다. 오늘은 콘텐츠의 성공사례를 통해, 제작과정에서 '모방과 가공'이 얼마나 중요한지를 강조하고자 합니다.

2-2. 성공하는 사람에겐 표정이 있다 : 얼굴 근육 80개 표정 8,000개…

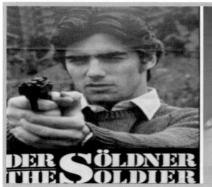

옛날 소싯적에 나에게도 꽤나 낭만적인 시절이 있었는데요.

포스터 사진은 여자 친구와 같이 본 80년대 액션물 「솔져」라는 영화입니다. 영화를 보고 나오면서 여친은 느닷없이 "오빠도 저런 표정 좀 배워봐"라고 말하더라고요. 주인공의 표정이 소위 죽인답니다. 평소 내 표정이 영 마음에 안 들었던 모양입니다. 그 후로 거울 앞에만 서면 주인공의 죽이는 표정을 흉내 내곤 했어요. 패션의 완성은 얼굴이라는데, 카리스마 넘치는 표정이 연습한다고 쉽게 나오겠어요.(웃음)

지금도 영화에서 통쾌한 스키 액션 장면이 기억에 남는데, 그녀는 아마도 주인공의 표정에 눈이 꽂혔나 봅니다. 기어코 나는 차였습니다.(웃음) 영화 속 주인공 같은 쿨하고도 폼나는 표정만 잘 지었어도, 그녀는 아마 조금 더 내 곁에 머물러 주었을지도 모르는 데 말이죠.(웃음)

'성공하는 사람에겐 표정이 있다'는 말이 있습니다.

표정이란 것이 배우들뿐 아니라 연애에 성공하기 위해서도 중요한 콘텐츠라는 걸 뒤늦게 깨달았어요. 우리 얼굴 근육은 80개인데 표정은 무려 8,000개가 나온다죠. 성공하고픈 가요? 연애 잘하고 싶은가요?

상황 별로 희로애락의 매력적인 표정을 연구해 보세요. '말투', '몸짓', '리액션', '스타일'을 자신만의 콘텐츠로 무기화해 보세요. 물론 그렇게 한다고 해도 실패할 사람은 결국 실패하지만요.(웃음)

비단 글과 사진 그리고 영상물만이 콘텐츠는 아닙니다. 노래를 잘 부른다면 노래가, 재치가 넘친다면 유머감각이, 아이디어가 많다면 바로 기획능력이 본인만의 콘텐츠가 될 수 있을 겁니다. 박막례 할머니는 걸쭉한 입담 하나로 유튜브 스타가 됐잖아요. '퍼스널 브랜드시대'(personal brand)라고 하는데, 결국 자신만의 콘텐츠가 있어야 브랜드가 생존할 수 있을 겁니다.

"콘텐츠 생산자는 생사를 넘나든다."

뉴스를 보니 현금 3만 원을 빼앗은 택시강도가 붙잡혔는데요. 알고 보니 택시강도는 영화감독이었습니다. 러시아 유학도 갔다 오고, 2014년까지 두 편의 영화도 만들었다죠. 그 이후 작품이 끊기고 생계가 막막해지자, 차라리 감옥에 가겠다며 강도 행각을 불사했다고 하네요.

콘텐츠 때문에 목숨을 끊는 경우도 적지 않습니다. 경이적인 시청률을 올린 드라마 「모래시계」와 「여명의 눈동자」로 유명한 김종학 PD는 후속작의 실패로 소송에 휘말리면서 스스로 목숨을 끊었죠.

1986년 「겨울 나그네」를 비롯해 「젊은 날의 초상」 등 우리 시대 청춘의 슬픈 자화상을 그려낸 거장 곽지균 감독도 후속 작품들이 모두 흥행에 참패하자 더 이상 메가폰을 잡지 못했습니다. 곽 감독은 "일이 없어 괴롭고 힘들다"란 유서를 남기고 끝내 세상을 떠났습니다. 이렇듯 콘텐츠의 성공 여부는 생사를 가르기도 합니다. 영화판에서는 '돈 안되는 영화를 찍을 바엔 공사장 벽돌을 찍어라'라는 말이 있다죠. 나 같이 허약하고 비실대는 사람은, 공사장 막노동도 시켜주질 않아요.(웃음)

콘텐츠는 생산자뿐만 아니라 방송사 입장에서도 사활이 걸린 일입니다. 킬러 콘텐츠(killer contents) 하나는 방송사 전체의 이미지와 수익 창출에 톡톡한 역할을 합니다. 〈미스트롯〉, 〈미스터트롯〉의 경우 매년 적자였던 종편방송 'TV조선'을 9년 만에 흑자 체제로 만들었다고 하죠.

MBC- TV의 〈놀면 뭐하니〉는 예능 브랜드 평판 1위에 오르기도 했는데요. 예능과 음악을 컬래버레이션 하면서 음원 차트를 석권하기도 했습니다. 매년 수백억의 적자를 면치 못했던 MBC는 2020년 10월 기준 90억 원의 흑자를 냈는데요. 〈놀면 뭐하니〉 등 몇몇 예능 프로가 살아난 것이 한몫을 했다고 합니다.

이처럼 킬러 콘텐츠는 단순히 프로그램 하나의 성공에 머물지 않습니다. 콘텐츠를 넘어 하나의 '플랫폼'처럼 케이블 TV와 유튜브 그리고 SNS로 무한 확장하고 있는 것이죠.

2-3. 누구나 15분 만에 유명해질 수 있다 : 미스터 두들과 낙서예술

얼마 전 예명(藝名)이 '미스터 두들'(doodle 끼적거리다)로 불리는 영국의 팝아티스트가 내한 전시회를 가졌는데. 두들이 즉석 드로잉 하는

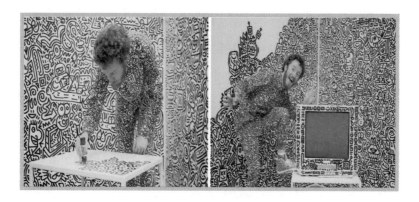

10분 정도의 동영상 조회수가 3,600만 회를 돌파했다고 합니다. 팝아트의 아버지로 불리는 앤디 워홀은 "미래엔 누구나 15분 만에 유명해질 수 있을 것이다"라고 말했는데요. 미스터 두들은 15분이 아니라 10분 만에 스타로 떠오른 것입니다.

그가 벽면과 바닥에 끼적거리는 낙서는 바로 예술이 된다는 것이죠. 미스터 두들은 약관 26세에 셀럽이 됐는데요. 두들에게 낙서는 험난한 세상을 이겨내는 콘텐츠이자 강력한 무기인 셈이죠. 이제 낙서와 그라피트 같은 모든 일상이 콘텐츠가 되는 시대고, 누구나 콘텐츠 크리에이터로 또 예술가로 불리고 있어요.

"제일 많이 듣는 말이 '그 정도는 나도 그릴 수 있겠다'는 말이죠. 맞는 말이에요. 차이가 있다면 그들은 그리지 않았고 저는 그리고 있단 점이죠"

두들은 한 언론과의 인터뷰에서 아주 인상적인 말을 남겼는데요. 사실 내 주변만 봐도 두들 정도 그리는 친구들이 적지 않아요. 하지만 두들의 말처럼 '하는 것'과 '하지 않는 것'의 차이는 훗날 '유명인이냐 일반인이냐'로 갈라놓는 분기점이 되는 것이죠.

셀럽들의 특징을 보면 '나만의 무기'를 보유하고 있지요. 눈치 보지 않고, 이리저리 치이지 않고 살기를 바라나요? 셀럽은 아니더라도 최소한 자유인으로 살고프나요?. 콘텐츠는 거대한 무기입니다.

2-4.『그늘막』의 진화 : 모방하라 그리고 진화하라

동작구청 사진제공

여름철만 되면, 횡단보도 앞에는 그늘막을 볼 수 있는데요. 지금은 서울뿐 아니라 지방에서도 그늘막이 붐을 이루고 있다죠. 어떤 그늘막에선 시원한 물을 주는가 하면, 물안개를 내뿜는 그늘막도 등장했습니다. 경찰서 앞에서는 1인 시위하는 사람을 위해 그늘막을 설치한 곳도 있어요. 그야말로 그늘막의 진화입니다.

처음 그늘막을 설치한 사람을 아나요? 2013년 문충실 전(前)동작구청장이 처음 제안했다는데요. 신호 대기하는 시민들이 뙤약볕에 무차별 노출된 모습을 보고, 아이디어를 얻었다고 합니다. 그는 창의적 행정이란 게 시민의 가려운 곳을 긁어주는 것이라고 강조하죠. 그늘막이 전국적으로 확산되는 것을 보니 뿌듯하다고 말합니다. 우리가 콘텐츠를 만드는 목적은 바로 '뿌듯'한 감정을 쟁취하기 위해서 일겁니다.

모든 콘텐츠에서 가장 중요한 것은 창의성이겠죠. 동작구청장처럼 가장 먼저 아이디어를 내서 콘텐츠화한 사람이 최고입니다. 창의성이 없다면 어떻게야 하나요? 베끼는 게 최고입니다.(웃음) 그래도 그냥 베끼기에는 자존심이 무척 상합니다. 자존심이 상한다면, 한 단계 더 고민해 보자고요. 그늘막에서 보듯 물도 주고, 물안개도 뿌리면서 한 단계 한 단계 진화하듯이, 모방에서 머물지 말고 변형시키고 진화시키세요. 그러면 젊은 세대의 용어인 '신상'이 됩니다. 이젠 지자체마다 '신상'이 출현하면서, 원작자가 문충실 당시 동작구청장인 것은 아무도 기억하지 않습니다. 모두가 신상에만 찬사를 보냅니다. 모든 콘텐츠가 마찬가지입니다. '베껴라 그리고 진화하라' 명심하세요.

2-5. 빅히트작의 비밀 : '모방과 가공'에서 출발하다

믿기 어렵겠지만 나에게도 장안에 화제가 된 히트작이 있어요.(웃음)

1996년 〈시사매거진 2580〉 리포터 시절, '감추고 싶은 진실'이란 제목으로 시사제작물을 만든 적이 있는데요. 우리 사회가 용모를 얼마나 중시하는지, 용모에 대한 차별이 얼마나 심한지 실험을 통해 확인하는 프로그램이었습니다.

한강변 국도에 고장난 자동차를 세워놓고, 두 여성이 도움을 요청하는 실험이었죠. 먼저 키가 작고 평범한 옷차림의 여성이 손을 들어

도움을 요청하자, 수십여 대의 통행 차량 중 딱 한 대만이 멈춰서 고장 차량을 둘러보더니 이내 가버리더라고요.

다음에는 핫팬츠를 입은 늘씬한 여성을 투입했어요.

'지나가다 멈춰서 후진하는 차량이 있는가 하면, 승용차, 승합차, 택시, 대형트럭 등 수십 명의 운전자들이 도움을 자청합니다.'

당시 기사인데요. 대여섯 대의 차량이 동시에 고장난 차량 앞에 멈춰 섰고, 운전사들이 서로 고쳐보겠다고 나섰지요. 몰래 카메라로 숨어서 지켜봤는데, 정말 가관이었어요.(웃음) 당시 이 작품은 시청률이 30%를 넘어섰어요. 〈시사매거진 2580〉이 3백 회와 5백 회 그리고 얼마 전 1,000회 등 특집방송 할 때마다 바로 그 장면은 빠짐없이 방송되곤 합니다. 두고두고 나의 대표작이 된 셈입니다.

사실 '감추고 싶은 진실'은 미국 ABC 방송의 시사프로인 〈20/20〉이란 프로그램의 모방 작품이에요. 당시 책임 프로듀서가 우리도 비숫한 실험을 해보자고 권유했지만, 처음엔 엄두가 나질 않았어요. 모방 작품인데다 어떤 실험을 해야 할지, 실험 결과는 어떻게 나올지 자신이 없었지요. 하지만 미국 방송에서 했던 실험을 참고해서, 우리 상황에서 가능한 실험들을 시도해봤더니 의외로 불후의 화제작이 나온 겁니다.(웃음) 이 아이템이 성공하자, 타방송의 많은 시사프로에서도 실험을 통한 모방물들이 쏟아지기도 했지요.

익히 알듯이 파블로 피카소도 표절 시비에서 벗어나지 못했습니다. 피카소의 유명한 「캉캉춤」과 「아비뇽의 여인들」은 모방 작품이라는 거죠. 하지만 모방을 했다고, 피카소의 명성이 떨어지지 않았다고 하죠. 그림의 가치나 가격 역시 변함이 없습니다. 피카소는 "유능한 예술가는 모방하고 위대한 예술가는 훔친다"라는 명언을 남긴 바 있습니다.

"스티브 잡스와 빌 게이츠도 결코 새로운 것을 발명하지 못했다. 아이디어를 모두 훔쳤다. 끊임없이 찾고 최선의 것이 발견되면 조합했을 뿐이다. 이것이 그들이 한 창조다."

미국 컬럼비아대 윌리암 더간 교수의 말인데요. 스티브 잡스나 빌 게이츠도 대단한 창조자가 아니라는 사실에 위로가 되지 않나요? 더간은 '새로운 것을 발명하려는 건 어리석은 짓'이라고 일갈하기도 했습니다. 우리도 더 이상 어리석은 짓을 멈추고 훔치고 모방해 보자고요.(웃음)

"모방하면 됩니다. 빗겨치기는 (세계당구 1인자) 야스퍼스를 모방하고, 제각돌리기는 쿠드롱을 모방하고, 빈쿠션치기는 브롬달을 모방하면 됩니다."

국내 쓰리쿠션 당구의 1인자 조재호가 인터뷰에서 한 **말이죠. 조재**호는 당구 실력을 늘리려면 어려워도 모방 밖에는 길이 없다고 **단언**합니다. 갑자기 몇 단계 실력이 확 뛰는 비급은 단연코 없다는 **거죠.** 내가 당구로 보낸 세월을 따지면, 조재호보다 오래 쳤지만 20년 전이나 지금이나 별반 다른 게 없지요. 모방하는 연습도 없이 그저 '내기 당구'에만 일희일비(一喜一悲)했기 때문일 겁니다.(웃음)

피카소나 스티브 잡스 그리고 빌 게이츠 그리고 조재호보다도 뛰어난가요? 그게 아니라면 거리낌 없이 모방을 배우자고요.

그렇다고 날로 베끼지는 말구요. 시인 안도현은 "모방하되 모방하면서 괴로워하라"고 말합니다. 인터넷과 유튜브의 세상에선 더 이상 천재가 존재하지 않습니다.

누구나 쉽게 정보에 접근하고 지식을 획득할 수 있습니다. 세상은 서로 모방하면서 새로움이 탄생합니다. 정보의 바다에서는 '조합과 가공'을 잘하는 사람이 천재인 겁니다.

2-6. 버스킹 개그맨의 '굿! 아이디어' : 확! 뒤집어 봤더니 …

화면 A

'화면 A' 사진이 무엇을 찍은 건지, 궁금하지 않나요? 전혀 궁금하지 않다는 표정들이네요.(웃음) 분명 노을 사진인데 사진 윗부분이 까맣습니다. 한국일보 사진기자가 서울 시내 상공을 찍은 노을빛 사진인데, 사진을 뒤집어 놓은 겁니다. 언뜻 우주에서 지구의 노을을 촬영한 것 같기도 하지요. 사진 위가 왜 까맣지? 저게 뭐지? 하는 궁금증을 유발해야 한 번 더 보게 됩니다. 인터넷만 뒤져봐도 세상엔 멋지고 환상적인 노을 사진이 널려 있습니다. 어디서 본 듯한 노을을 소개하면 독자의 눈길을 잡지 못하는 것이죠.

화면 B

'화면 B'는 1995년 〈시사매거진 2580〉에서 '웃겨야 이긴다'라는 제목으로 방송한 건데요. 시사 프로그램에서 별걸 다 방송한다 하겠지만, 당시 보도국장이 아주 재밌게 봤다며 뉴스 소재발굴위원으로 위촉하기도 했지요.

90년대, 동숭동 대학로에선 유명한 〈버스킹 개그맨〉 윤효상의 취재이야기인데요. 주말마다 그가 길거리 공연을 펼치면 수많은 인파가 몰려들었지요. 윤효상이 한 마디 한 마디 할 때마다 폭소가 터지더라고요.

"세상에서 가장 어려운 일, 바위가 여자 꼬시는 일,
세상에서 가장 쉬운 일, 여자가 바위 꼬시는 일" (폭소)
그는 주말마다 어떻게 레파토리를 준비해서, 사람들을 웃길까, 궁금했습니다. 공연 현장에서 예고 없이 기습 인터뷰를 시도했는데요.

- 기자: 레파토리는 자주 바꾸는 편인가요? 어떤가요?
- 윤효상(재야개그맨 27세) : "어떤 분이 너무 똑같다고 바꾸라고 해서, 한번 거꾸로 했더니 많이 바뀌었다고 좋아하시더라고요."(폭소)

사실 이 강의도 마찬가지입니다. 강의 준비를 하면서, 남들이 했던 주옥같은 이야기들을 모아서 재구성합니다. 1학기 때 들었던 학생들이 또 수강을 해서 고민이 많았는데, 2학기엔 강의 순서를 바꿔보았더니 정말 잘 모르더라고요.(웃음)

때론 개그맨 윤효상처럼 강의 프롤로그와 끝을 바꿔보기도 하죠. 어떻게 매번 새롭고 경천동지(驚天動地)할 소재나 아이디어가 나오겠습니까! 콘텐츠 만들면서 머리를 쥐어짜도 별 신통치가 않다면, 구성을 한번 바꿔보세요. 비틀어도 보고 이리저리 짜깁기도 해보자고요. 그래도 맘에 안 들면 '확' 뒤집어 보세요. 뒤집어도 영 마음에 내키지 않다면, 과감히 포기해야지 어찌합니까?(웃음)

작가 장석주는 "세계를 구성하는 요소들을 익숙한 것으로 바라보면 아무것도 보이지 않는다"고 말합니다. '익숙함의 세계'를 '낯설음의 세계'로 탈바꿈시키면 많은 것들이 새롭게 드러난다는 것이죠.

바보야! 문제는 '콘텐츠'야 (It's the contents, stupid!)

강의 시작에 고품격 시로 시작했으니, 시로 마무리합니다.

시인 백인덕의 시인데요. 시를 읽어보면 '사랑'은 전반부 거쳤던 곳을, 후반부에 거꾸로 돌고 있습니다. 시인은 '사랑으로 가는 길은 규칙이 없다'고 말하지만 결국 돌고 돌아 왔던 길로 되돌아가는 과정임을 보여주고 있습니다. 연애해 본 사람은 알고 있을 겁니다. 처음에는 작업상 이리저리 찾아다니다가, 나중에는 약발이 떨어지고 돈도 떨어

약국을 지나고 세탁소를 지나고
주인이 졸고 있는 슈퍼를 지나
비디오 가게를 지나고 머리방을 지나고
문구점을 지나서 아이들이 버린 놀이터를 지나
네거리 신호등 앞
사랑아, 네게로 가는 길은 규칙이 없다.
놀이터를 지나고 문구점을 지나고
푸른 등 머리방을 지나고 비디오 가게를 지나
주인이 졸고 있는 슈퍼를 지나
세탁소를 지나고
약국을 지나 영원히
                        - 백인덕 作 '사랑에게'

지면서 가던 곳만 빙빙 돌다 사랑은 마감하잖아요.(웃음)

하여간 '시구(詩句)'를 거꾸로 반복했더니 '맞아! 이게 사랑이네'. 공감이 가기도 하고 여운이 맴돕니다. 시란 것도 그렇게 창의적이지 않아도 쓸 수 있을 것 같은 자신감도 생기죠. 여기 강의실에서 보면, 이름을 밝히지 않겠지만 나처럼 창의성 하고는 거리가 먼 학생들이 몇몇 눈에 띕니다.(웃음)

창의성이 없다면 어떻게 해야 살아나나요? 걱정하지 말아요! 앞서 빌 게이츠나 스티브 잡스도 창의성과 거리가 멀다고 했지 않습니까?

콘텐츠의 묘미는 '역설과 반전'에 있습니다. 흔한 소재라도 반전을 고민해 보세요. 사진기자의 노을 사진도, 윤효상의 웃음코드도, 백인덕의 시도 마찬가지일 겁니다. 반전에 성공하면 새롭게 보이고 기억에 남습니다. 다만 이들은 반전과 역설을 만들어내기 위해 얼마나 머리

를 쥐어짜냈겠습니까?

　지금 K-POP이 미국뿐만 아니라 지구촌을 흔들고 있습니다. 0.7%
의 반란이라고 불립니다. 이어령 선생은 "징기스칸이 말을 타고 세계
를 지배했다면 싸이는 말춤으로 30억의 마음을 사로잡았다"고 말하
죠. 콘텐츠는 이제 세상을 뒤흔들고 지배하는 권력이 되고 있습니다.
콘텐츠는 현재의 나를 규정짓고, 미래의 나를 좌우합니다. 세상은 "콘
텐츠가 없으면 바보"라고 외칩니다. 최소한 바보라는 소리는 듣지 말
고 살아야 되는 거 아니겠어요.!!(웃음)

다음 주에 봐요 제발~!!

특강3

170만 부 베스트셀러의 비결! ⋯
'관심 · 관찰 · 관점'

170만 부 베스트셀러의 비결! …
'관심 · 관찰 · 관점'

3-1. 젊음은 모든 것을 스펀지처럼 빨아드린다

요즘 대학생들 사이에서 생전 영정사진을 찍어두는 것이 유행이라죠.

대학생들은 2학년만 되면 극도의 피로감과 무기력을 호소하는 '대2병'을 앓는다죠. 탈진 상태인 이른바 번 아웃(Burn out, 탈진) 증후군입니다.

3학년이 되면 이망생(이번 생은 망했다)이라며 3학년을 '사망년'

사진1

이라고 합니다. 대학생활 2년 만에 번 아웃돼서 결국 1년 만에 사망에 이르는 모양입니다.(웃음)

〈동아일보 2020행복원정대〉 취재팀이 '번 아웃 지수'를 조사해 보니 밀레니얼 세대인 20대가 대한민국에서 가장 지친 세대로 나왔다죠.

사실 대학생들을 보면 수업하랴, 과제하랴, 학점과 스펙 관리하랴, 취업 준비하랴. 또 사이사이 알바하랴. 미치고 환장할 노릇입니다. 캠

퍼스의 낭만은커녕, 그저 좇기고 치이다 캠퍼스를 떠나는 것이 아닌가
… 죽고 싶은 상태로 내몰리는 심정이리라 짐작도 됩니다. 그래서 죽
기 전에 미리 영정사진을 찍는 거겠죠. 물론 또다른 삶의 출발을 다
짐하는 의식이겠지만, 우리 시대 슬픈 자화상입니다.

2004년 〈살다보니〉란 휴먼 다큐를 만든 적이 있는데요.
노인들의 인생을 다룬 것이니, 안 보신 분들은 노인이 될 때 꼭 한
번 보기를 강추합니다.(웃음)
프로그램에서 고(故)정주영 현대 회장의 이야기를 소개한 적이 있습
니다. 70대 시절 정 회장은 어느 사석에서 "누가 나를 10년만 젊게 해
준다면, 재산의 반을 주겠다"고 얘기했다는 데요. 당시 정 회장의 재
산은 3조 원으로 알려졌었죠. 그러니까 자신을 60대 나이로 되돌려
준다면 '1조5천억 원'을 준다는 것이죠. 정주영식 계산법으로는 '10년
의 시간'은 1조5천억 원과 맞바꿀 가치가 있다는 것이겠죠.
누군가 1조5천억 원을 주겠다면, '나의 10년'을 팔겠다는 학생 있
나요? 뒷좌석에 손을 들까 말까 고민하는 학생이 있네요.(웃음) 나는

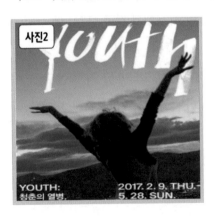

절대 안 팝니다. 지금 10년을
팔면 난 곧 세상을 하직할지 모
릅니다.(웃음)
'사진 2'는 〈youth〉란 주제
로 열린 사진전 포스터입니다.
'청춘의 열병'이란 부제로 인생
의 가장 특별하고 찬란했던 사

진들을 전시하고 있습니다.

"그땐 모른다. 청춘이 얼마나 찬란한 것인지."

한 언론에서 사진전을 소개하며 쓴 글인데요. 나도 젊은 시절을 다 보내고 나서야, 뒤늦게 깨닫고 있어요. 인생이란 늘 그렇듯, 그땐 모르는 모양입니다.

정주영 회장은 젊은 시절 생애 최고의 성취를 하고 나니까, 세월이 흐르고 나이드는 게 더욱 아쉬웠는지도 모릅니다. 요즘 청춘들은 아직 아무것도 성취한 게 없는데, 너무 너무 우울해요.(웃음)

말을 안 해서 그렇지 나만큼 우울한 사람도 없어요.(웃음) 다들 본인이 가장 절박하고 우울하다고 생각합니다. 어느 시인의 말처럼 슬픔이란 유효기간만 다를 뿐 저마다 다 슬픔을 간직하고 있지요.

"작곡이란 게 10, 20대 때 가장 왕성하다. 나뿐 아니라 비틀스, 롤링스톤스, 레드 제플린, 핑크 플로이드, 신중현도 10, 20대에 작곡한 게 반 이상이다.
모든 것을 스펀지처럼 빨아들이는 때다.
'와 신기하다' 하면 신기한 것 자체가 음악이 된다."

'방랑자'(보헤미안'Bohemian) 가수 한대수가 언론 인터뷰에서 한 말인데요. 그의 말대로 감수성이 가장 예민하고 모든 것이 신기한 젊은 시절이야말로 콘텐츠 생산에 가장 적기일 겁니다.

소설가 최인호는 고등학교 2학년 때 신춘문예에 당선돼 훗날 최고의 인기작가로 이름을 날렸습니다. 비단 소설가뿐 아니라 음악가, 바

둑기사들은 대개 젊은 시절에 재능이 만개하잖아요. 기자들도 입사한 지 2~5년 차에 주로 특종이 나옵니다.

기자사회에선 머리싸움이 아니라 발싸움이란 말이 있지요. 기사의 힘은 현장에서 나오고 발로 뛰는 기자에겐 당할 재간이 없다는 겁니다. 20대 후반이 넘으면 모든 감각이 쇠퇴한다고 합니다. 여러분들은 이제 재능의 꽃봉우리가 움트는 '절정의 시간'이 얼마 남지 않았어요.

20대에 '지식과 지혜'를 스펀지처럼 폭풍 흡수해 '인생의 자산'을 축적하자는 겁니다. '지식과 지혜'란 세상에 대한 '관심'과 '관찰'을 놓치지 말고 궁극적으로 나만의 '언어와 관점'을 획득하는 데에서 나옵니다.

3-2. 독수리와 개미의 눈 그리고 물고기의 눈

세상보는 눈이 어느 정도냐에 따라 사람 급수가 드러난다. 저 이름 모를 들새의 날개만큼 세상보는 눈을 높이 보자.

오늘은 빅히트를 친 콘텐츠 탄생의 비결은 바로 '관심·관찰·관점'과 직결돼 있다는 점을 같이 확인해 보고자 합니다.

누군가와 대화하다 보면, 또 글을 읽다 보면 대개 그 사람의 수준을 알게 됩니다. 말과 글에서 지적 수준과 인격 그리고 품격이 드러나게 마련이죠. 그래서 나는 되도록 말하는 것과 글 쓰는 것을 피합니다.(웃음)

TV 토론에 나온 패널들을 보면 보수, 진보 대표 모두, 자신의 진영 논리에 어쩌면 저리도 충실하고 한치의 변함도 없을까 .... 놀라울 때가 있습니다. 놀랍다기보다는 짜증이 납니다.

우리는 보고 싶고, 듣고 싶은 뉴스만 보는, 다들 확증편향의 세상에 살고 있다죠. 시선은 고정된 채 세상을 읽고 세상에 화를 퍼붓습니다. 내가 그래요.(웃음)

석학 이어령 선생은 '독수리의 눈'과 '개미의 눈'을 동시에 가져야 한다고 강조합니다. 독수리의 눈은 바로 '글로벌 아이'(gloval eye)고 개미의 눈은 '로컬 아이'(local eye)라고 지칭합니다. 혹시 독수리와 개미의 시력이 얼마인지 아나요? 독수리의 시력은 6.0이고, 개미는 거의 시력이 없어 후각과 촉각에 의존한답니다. 때론 독수리같이 저 멀리 떨어져서, 때론 개미처럼 아주 밀착해서 세상을 바라보자고요.

박현주 미래에셋 회장은 "신이 우리에게 두 개의 눈을 선물한 이유가, 하나는 현재를 직시하라는 것이고 하나는 통찰력을 갖고 미래를 부라"는 것이라고 말했지요.

세상을 제대로 읽고 또 보려면, 거시적 눈과 미시적인 눈을 동시에 갖춰야 된다는 점을 강조한 것이죠. 인터넷 카페글에서 '세상 보는 눈이 어느 정도이냐에 따라 사람 급수가 드러난다'는 글을 봤는데요. 이번 학기에 세상을 보는 안목을 높여서 우리도 한번 급수를 올리고 고급스럽게 살아보자고요.

PPT의 또 다른 사진은 물고기 눈으로 본 세상이랍니다. 360도를 다 본다는군요. 사람의 시야는 아무리 눈동자를 크게 굴려도 180도를 넘지 못하죠.

물고기가 보는 세상

한 화장품 광고를 보니까, "270도 안에 남자는 다 쓰러진다"는 카피가 있던데, 여성들은 주변 270도까지 다 보이는 모양입니다.(웃음)

남자들은 미녀가 나타나면 살짝 곁눈질하지, 오로지 앞만 보고 걷잖아요.(웃음)

인간은 자신이 본 것과 들은 것만 진실이라고 판정을 내립니다. 진실은 어디 한 곳, 어느 한 방향에만 머물러 있지 않습니다. 한 매체가 소개한 BBC트러스트의 '2007년 보고서'에 따르면 "의견은 좌와 우로만 국한되는 것이 아니라 360도로 퍼진다. 하나의 의견이 반드시 다른 의견의 정반대가 될 필요는 없다"고 말하는데요. 어쩌면 우리는 물고기가 보는 세상에 반의반도 채 못 보고 살아가는지도 모릅니다. 시선의 방향과 높낮이를 조금만 바꿔도, 또 시야를 조금만 확대해도 이전에 보지 못하던 세상을 볼 수 있을 겁니다.

앞서 독수리의 눈과 개미의 눈을 동시에 갖자고 강조했는데, 물고기의 눈도 하나 추가 합니다.(웃음)

3-3. 눈은 확대해야 보이고 귀는 기울여야 들린다 : 〈대장금〉 작가의 관심

여성들의 경우 어떤 것에 관심을 갖는 날은 유달리 그것만 눈에 잘 띈다죠. 머리하러 가는 날에는 다른 여성들의 헤어스타일만 보이고,

신발 사러 가는 날은 신발만 눈에 들어온다고 합니다. 맘에 드는 패션이 나올 때까지 고르고 또 고릅니다. 대개 남자들은 백화점에 가서도 여성 점원이 추천하면 바로 지갑을 엽니다.(웃음)

대문호 괴테는 "여성은 모를수록 좋은 일을 너무 많이 알고, 남성은 꼭 알아야 될 일을 너무 모른다"고 했지요. 내 주변의 여자들과 나를 보면 정말 정확히 들어맞습니다.(웃음)

74살에두 19살 여인과 사랑을 나누던 '당대의 사랑꾼'답세 괴테는 여자의 본성을 꿰뚫고 있는 게 분명해 보여요. 연애야말로 괴테를 쉼 없이 움직인 원동력이기도 했습니다. 연애를 하면 몸속에 세포가 살아 움직이며 감각을 일깨웁니다. 연애를 하면 말 한마디. 문자 하나에도 여간 정성이 들어가지 않습니다. 어느새 나도 모르게 말빨과 글빨은 물론 공감능력이 향상됩니다. 관심을 갖는 만큼 보인다고 하죠. 패션도 사랑도 '관심'이 있어야 비로소 '보는 눈'이 생기는 법입니다.

"내가 드라마 작가로서 재능을 타고났다고 생각하지 않아요.

다만 다른 사람보다 세상에 대한 관심이 많을 뿐이죠.

작가는 시대가 요구하는 것을 알아야 해요. 그것을 놓치면 안되죠"

「대장금」의 작가 김영현은 세상에 대한 관심이 많다 보니, 그것이 오늘의 자신을 만들었다고 합니다.

1990년대 말 노숙자가 늘었다는 한 기사를 보고 난 후, 불연듯 노숙자에 대한 관심과 함께 심층취재를 하고 싶더라고요. 노숙자들은 하루 24시간을 어떻게 보내는지, 이들은 자신과 세상을 어떻게 바라보는지 궁금했지요. 한번 꽂히니까, 지하철 주변이나 공원 벤치에 혼자 앉아 있는 사람들이 모두 다 노숙자로 보이더라고요.(웃음)

처음 노숙자 취재로 서울역 앞에 나갔을 때는 어떻게 촬영할지, 누구를 잡고 인터뷰할지 막막하고도 무섭더라고요. 주변에 노숙자들이 많았지만, 역전에서 1시간가량 그냥 기웃거리기만 했지요. 오히려 한 손에 소주병을 든 노숙자가 취재진에게 다가오더니 인터뷰가 필요하냐고 묻더라고요. 만원을 주면 해주겠다는 겁니다.(웃음)

돈을 요구하는 것이 불편하긴 했지만 통상 일반인에게도 인터뷰 사례금을 지급하는 터라, 사비를 주고 인터뷰했더니, 다른 노숙자들도 몰려오더라고요.(웃음) 사실 3주 동안 취재 현장에서는 노숙자들과 싸움도 벌이고 사정사정도 하고 우여곡절이 많았지요. 그래도 스스로는 꽤나 기억에 남는 '나의 인생작' 중 하나로 꼽고 있습니다. 노숙자 관련 〈시사매거진 2580〉 '버려진 어른들' 방송은 그렇게 불현듯 갖게 된 관심에서 시작된 것입니다.

"관심이 많아야 하고 또 잡(雜)스러워야 돼. 잡담이니 잡학이니 하는 것처럼 사람이 약간 잡스러워야 남들이 생각하지 못했던 것과 접할 수 있어."

— 이어령 『지의 최전선』 중 —

몇 번 이어령 선생을 인터뷰한 적이 있는데, 그 때마다 그의 해박한 지식과 현란한 언어구사에 감탄하게 됩니다. 다만 15초짜리 뉴스용 인터뷰 하나를 따기 위해 질문하면, 질문 하나당 보통 5분 이상을 얘기해서 편집하는 데 애를 먹는다는 게 문제지만요.(웃음)

세상을 보는 이어령 선생의 시각은 늘 독특하고 새롭습니다. 80대의 고령에도 그의 서재엔 컴퓨터 7대와 아이패드 등 온갖 IT 기기들로 가득 하다죠. 그의 말마따나 잡스러울 정도로 관심사를 확장하다 보니, 남들이 생각하지도 못한 지(知)의 세계와 만난 것인지도 모릅니다. 비단 저널리스트와 작가뿐 아니라 콘텐츠 생산자들은 세상사에 관심을 놓치면 안 됩니다. '눈을 확대하지 않으면 눈에 보이지 않습니다. 귀를 기울이지 않으면 들리질 않는 법입니다.'

3-4. 10번 지켜보면 다른 것이 보인다 : 테리 보드의 관찰

우리나라에서도 매년 전시회를 열고 있는 미국 출생의 '테리 보더'라는 메이커 아티스트가 있습니다. 테리 보더는 과자, 계란, 수저, 손톱깎이 등 익숙한 음식과 사물에서 아이디어를 얻고 여기에 자신만

의 상상력을 위트 있게 펼칩니다.

테리 보더는 '사물을 통해 삶의 지혜와 통찰력을 얻는다면서, 같은 사물을 한 10번 정도 관찰해 보라'고 하는데요. '10번 관찰하면 전혀 다른 것을 발견할 수 있다'고 말합니다. 우리도 '세상사'를 한 10번쯤 관찰해 봅시다. 지겹고 한심한 일이겠지만, 이 양반 말마따나 정말 세상이 달리 보이는지 말이죠.(웃음) 단 무심코 바라보지만 말고 밀착해서 또 세심하게 관찰해야 한다는 겁니다.

2013년 국내에서 종군 사진기자인 로버트 카파(Robert Capa)의 100주년 사진전이 열렸는데요. 주제는 "한발짝 더 … 카파처럼 다가서라"였습니다. 카파는 "사진이 마음에 들지 않는 것은 당신이 충분히 다가가지 않았기 때문이다"라고 말했죠.

여기 남학생들! 관심 있는 여학생이 나타나면 어떻게 합니까?

가수 김흥국의 말마따나 들이댑니까?(웃음) '무작정' 들이대다간, '무난히' 퇴짜 맞습니다.(웃음)

10번 계속 추적 관찰하다 보면 빈틈이 보입니다. 우선 캐릭터 분석을 한 다음 치밀하게 전략을 짜서 취향 저격을 해야 합니다. 상대는 어떤 이상형을 선호하는지, 무슨 음식을 잘 먹는지, 소비 취향은 어떤지 아주 세세하게 정보 수집을 해놔야 공략하기 쉽겠죠. 관심이 가는 이성이 나타난다면 관찰하고 연구해야 합니다.(웃음)

우리가 공부하는 콘텐츠란 것도 마찬가지입니다. 누구나 콘텐츠를 만드는 시대입니다. 밋밋하게 또 뻔하게 접근하면, 다른 콘텐츠들이 소비자를 다 뺏어갑니다.

시인 안도현은 말합니다 "없는 것을 발명하지 말고 있는 것을 발견하라"고. 시인은 발명가가 아니라 발견자라는 거죠. 더구나 기자나 PD가 무슨 대단한 능력자라고 발명하겠어요. 저널리스트는 누구보다도 '관찰자'이자 '발견자'입니다. 집요하게 '관찰'하다 보면 뭔가 발견할 거예요. 언론인은 아무도 신경쓰지 않는 것들을 찾아내 세상에 드러내는 직업입니다.

3-5. 임계치를 넘어서야 '나만의 언어'가 탄생한다 : 칼럼리스트의 관점

〈**백 마디 말보다 한 번의 포옹**〉이란 테리 보더의 작품을 보면 참 발상이 기발하다는 생각이 들어요. 두 개의 비스킷은 크림버터나 치즈를 바르고 붙이면 착 달라붙습니다. 작품보다는 제목이 더 호감이 갑니다. 백 마디 말로 안 통할 때는 한 번의 기습적인 포옹이 위력을 발휘하기도 합니다.(웃음)

테리 보더가 붙인 타이틀은 세상을 향한 그의 시선이자 바로 작품에 대한 '관점'입니다. 제목을 보고 나면 한 번 더 작품을 쳐다보게 됩니다. 관심을 갖고 또 관찰하는 이유는 관점을 보여주기 위함일 겁니다. '관점'이 없으면 밋밋하고 심심합니다. 그럴 듯한 관점을 제시한다는 것은 콘텐츠를 돋보이게 하는 포장술이죠. 테리 보더는 열 번쯤 비스킷을 관찰하다가 크림에 주목하고 이런 제목이 떠올랐으리라 보입니다.

화면 2

'연못남' 탈출법

- 우리나라 연애와 결혼시장의 계층이 일반 남자 그 위에 일반여자, 그 위에 예쁜 여자, 최종 포식자는 능력남이다
- 연애와 수영을 비유한 조언은 인상적이다. 수영은 물속에서 스스로 팔다리 허우적대며 터득하는 것이지 물 밖에서 책으로 배울 수 없다.
- 일본 여성들은 '10번 찍어 안 넘어가는 나무 없다'는 속담이 있는 한국을 부러워한다. 일본 연못남은 찍어 보지도 않고 포기한다는 거다.
- 이 땅의 연못남들이여, 올 가을엔 '작업의 기술'에 기대기보다 물속으로 텀벙 뛰어드는 용기부터 내볼 일이다.

동아일보 〈횡설수설〉 칼럼란에 '연못남 탈출법'(화면2)이란 제목의 글이 실렸는데요. 일본과 한국의 20대 연못남(연애 못하는 남자)을 비교하며 쓴 칼럼인데 PPT에는 몇 줄만 뽑아봤습니다. 어쩌면 한 번도 '연애의 맛'을 보지 않았던 사람은 불행을 느끼지 않을지도 모르죠. 실연의 아픔은 나처럼 당해 본 사람만이 느끼잖아요.(웃음)

칼럼을 보면 흥미를 유발하는 자료들을 소개해, 읽는 재미를 주고 있는데요. '우리나라 결혼시장에서 최하위 계층은 일반 남성이고 그 위에 일반 여성, 그 위에 예쁜 여자 그리고 최종 포식자는 능력남'이라는 시중 농담을 인용하고 있어요. 연애를 수영과 비유한 연애코치의 이야기도 설득력 있게 들립니다. 또 '일본 여성들은 포기하지 않고 10번씩 찍어대는 한국 남성을 부러워한다'고 말합니다. 요즘 한국 남성

들도 얼마나 약아졌는데, 아직도 10번 찍는 남자가 있나요? 우리 남학생들은 평균 몇 번 찍나요?(웃음)

필자는 연못남의 탈출법으로 '작업의 기술'보다는 직접 부딪혀 보는 용기를 갖자며 글을 마무리합니다. 사실 일본의 연못남 통계는 많은 언론에서 기사로 소개됐습니다. 그 중에서 이 칼럼이 가장 흥미로운데요. 일본의 사례만 소개하지 않고, 대한민국 청춘들의 세태와 비교해서 재밌게 구성했기 때문일 겁니다.

필자는 먼저 일본에서 나온 연못남 통계에 '관심'을 갖고 칼럼을 쓰고자 했겠죠. 그리고 이것저것 흥미로운 자료를 '관찰'하고 수집했을 겁니다. 마지막으로 필자는 어떤 '관점'으로 마무리할 것인지 고심했으리라 보입니다. 필자의 결론은 연못남 탈출을 위해선 바로 "물속으로 텀벙 뛰어들라"는 것이죠.

정보의 양이 쌓여 '임계치'를 넘어서야 비로소 시각과 관점이 나타난다고 합니다. 관심을 갖고 지겹게 관찰하다 보면 어느 날 나만의 시선과 언어가 탄생할 겁니다.

어느 카피라이터는 버스에서 졸다가 머리가 창가에 부딪히면서, 우연히 '대박카피'가 떠올랐다고 말하잖아요. 완전 거짓말이에요.(웃음) 카피라이터는 숱한 나날 불면의 밤을 지새우며, 한 순간도 카피 생각이 뇌리를 떠나지 않았을 거예요. 그러다, 버스 창문에 부딪히면서 순간적으로 대박카피가 솟아났을 겁니다. 단언컨대 창의적이고 기막힌 아이디어나 상상력은 우연히 탄생하지 않습니다. 제발~~우연을 기대하지 맙시다.(웃음)

세상에 그냥 아이디어나 상상력이 생기는 법은 없습니다. 양질전화

(量質轉化)의 법칙이란 게 있잖아요. 양이 질을 창조한다는 것이죠.

3-6. 밀리언 베스트셀러의 비결 : '부스러기' 이야기

작가 이기주의 『언어의 온도』라는 책이 170만 부나 팔렸다죠. 출판업계에서는 책 한권으로 100억의 돈벼락을 맞았다는 풍문이 돌고 있답니다. 에세이 글이 170만 부 팔리는 비결은 무엇일까요? 책은 주변의 소소한 일상을 담담하게 담아내고 있습니다. 지인과의 만남 그리고 길거리나 대중교통 속에서 무심코 들리는 대화들이 그의 소재죠. 지하철에서 목격한 어느 할머니와 손자의 대화가 대표적입니다.

"언젠가 2호선 홍대입구역에서 지하철에 몸을 실었다. 맞은편 좌석에 앉아 있는 할머니와 손자가 눈에 들어왔는데 … 할머니가 손자 이마에 손을 올려보더니 웃으며 말했다. "아직 열이 있네. 저녁 먹고 약 먹자." 손자는 커다란 눈을 끔뻑거리며 대꾸했다."

"네, 그럴게요. 그런데 할머니, 할머니는 내가 아픈 걸 어떻게 그리 잘 알아요?"

할머니는 손자의 헝클어진 앞머리를 쓸어 넘기며 말했다.

"그게 말이지. 아픈 사람을 알아보는 건, 더 아픈 사람이란다. … "

『언어의 온도』<더 아픈 사람> 중

'어떻게 지하철에서 저런 소소한 소리까지 다 들릴까?' 의심이 들기도 합니다.(웃음) 작가 이기주는 한 인터뷰에서 "주변에 있는 것들을 건져서 글을 쓴다. 많은 이들의 공감을 얻을 수 있고 중요한 이야기들은 늘 제 주변에 있다"고 밝혔습니다. 저자는 무심코 목격한 듯이 얘기하지만, 사실 얼마나 주변에 귀와 눈을 열어 놓고 있겠습니까? 다들 휴대폰에 코를 박고 사는 시대에, 작가 이기주는 우리 주변의 '부스러기' 이야기에 주목하고 관찰합니다. 이기주는 자신의 생각과 관점을 결코 힘주어 말하지 않습니다. 그는 아주 넌지시 위로와 '공감의 언어'를 전합니다. 세상은 작은 부스러기 이야기에 목말랐기에 170만의 독자가 응원했을 겁니다.

성공하는 사람들을 보면 징그러울 정도로 '집착, 집요, 집중'의 특징을 갖고 있어요. 나도 정말 집중하고 살았더라면 아마 크게 성공했을 겁니다.(웃음)

언론인을 꿈꾸고 있다면, 집요하게 관심을 갖고 집중해서 관찰해보자고요. 그 속에서 나만의 시각과 언어를 발견하기 바랍니다.

이제 여러분이 목마르게 기다리는 수업을 마칠 시간입니다.

서두에서 얘기했지만 요즘 청춘들은 이망생이라고 한탄한다죠. 내가 인생의 선배 입장에서 말하는데요. 살다보니까 앞으로 우울할 시간은 정말 많아요.(웃음) 대박 한 번 친 후에 우울하자고요.

170만 부 대박의 비밀은 주변의 부스러기들에 대한 '관심·관찰·관점'에서 출발하고 있다는 점을 잊지 맙시다.

시인 정끝별은 "시간은 슬픔이고 견딜 수 없는 것이다. 그래도 슬퍼하지 말고, 목메지도 말자"고 말했어요.

영정사진과 사망년을 마감하고 우울한 오늘과 작별을 고하자고요. 재벌 회장님이 그렇게 부러워하고 갖고 싶어하는 '젊음'을 소유하고 있잖아요.

'멈추지 말고 가보면 알겠지'라는 노랫말이 있어요. 노래 하나 듣고 오늘 수업 마칩니다.

> "걱정하지마
> 이렇게 얘기하는 나도 사실
> 걱정이 산더미야
>
> 어디로 가는지 여기가 맞는지
> 어차피 우리는 모르지
> 멈추지 않고 가보면 알겠지."

OKDAL(옥상달빛) _ Intern(인턴)

다음 주에 봐요 제발~!!

두 개의 생존 무기 /
지(知) 그리고 감성(感性)

두 개의 생존 무기 /
지(知) 그리고 감성(感性)

4-1. 잔혹한 세상의 방정식 : 도태 멸종에는 이유가 있다

수십 톤의 몸집 VS 수백 그램의 두뇌

지구상의 최강자였던 공룡이 사라진 건, 6,500만 년 전 중생대라죠. 왜 공룡이 멸망했는지에 대해선 이런저런 가설이 난무합니다. 우리가 알고 있는 유력한 가설은 소행성이나 혜성의 충돌 또는 대(大)화산의 폭발로 인해 지각변동이 일어났고, 먹이사슬이 사라져 대(大)멸종을 일으킨 것 아니냐는 거죠.

얼마 전 흥미로운 글을 봤는데요. 공룡의 몸은 수 톤에서 수십 톤에 이르는데, 두뇌는 고작 몇백 그램밖에 안된다는 거죠. 그 불균형이 공룡의 적응능력을 상실케 했고, 생존전략을 세울 수 없었다는 겁니다.

아주 조그만 두뇌를 가지고선 대자연의 지각변동 앞에 속수무책으로 당할 수밖에 없었다는 가설입니다.

요즘 여성들에겐 조그만 얼굴과 떡 벌어진 어깨를 가진 공룡상의 남성이 이상형이라고 한다죠. 인터넷 블로그를 보니까 〈매력적인 공룡상 남자연예인들〉을 소개하고 있는데요. 배우 김우빈, 공유 등 공룡상의 얼굴을 가진 유명인이 적지 않아요. 이렇게 공룡상의 남성들을 좋아하는 걸 보면, 현대 여성들은 여전히 구석기시대에 머물고 있는 거 아닌가 하는 생각이 들어요?(웃음) 빨리 포기하길 권유합니다. 이런 남자들은 조만간 지구상에서 사라질지도 모릅니다.(웃음)

지구상에선 다섯 번의 대멸종이 있었다고 하는데요. 과학자 이정모는 "그간 대멸종을 보면 늘 최상위 포식자가 멸종했고. 지금 최상위 포식자는 인류"라고 말하고 있습니다. 만약 여섯 번째 대멸종이 일어나면 인류가 멸종할 차례라는 겁니다.

지금은 인류가 한 번도 경험해 본 적 없는 디지털 혁명의 시대라고 하죠. 그리고 언론계에도 이미 지각변동이 일어나고 있습니다. 세계적으로 공룡 같던 거대 언론사들이 하나둘 문을 닫고 있습니다. 국내 신문들은 발행할수록 손해를 보고, 메이저 방송사들도 매년 수백억의 적자가 쌓이고 있습니다. 언론과 기자들은 입만 열면 세상이 변하고 있다고 강조하지만, 가장 변하지 않는 직종이자 집단은 언론이라죠. 대표적 기자가 납니다.(웃음) 디지털에 관한 한 문외한이 아니라 거의 무뢰한 수준입니다.(웃음)

석기시대가 끝난 것은 돌이 다 떨어져서가 아니라 청동기와 철기라는 새로운 무기를 장착한 사람들이 나타났기 때문이랍니다.

뇌과학자인 김대식 교수는 저서 『인간 vs 기계』에서 "새로운 기술을 받아들이지 않는 나라와 민족은 역사에서 사라져버린다." 이것이 "잔혹한 세상의 방정식"이라고 경고하고 있지요. 도태와 멸종 그리고 실패에는 다 이유가 있는 법이죠. 잔혹한 세상에서 정작 중요한 건 뭘까요? 내가 살아남아야 한다는 겁니다.(웃음) 살아남기 위해선 새로운 무기를 장착해야 합니다. 오늘은 정글같은 방송계에서 꼭 필요한 두 개의 생존무기를 소개합니다.

4-2. 제1의 무기 ··· 지(知) : 보이지 않는 '셋'을 생각하라

얼마 전 MBC 〈라디오스타〉에서 김구라와 개그맨 동기인 이동우 씨가 출연했는데요. 그의 얘기가 인상적입니다.

"사실 개그맨 김구라는 영 아니었다. 모든 사람들이 진심으로 빨리 그만

두기를 바랬다. 김구라는 하는 것마다 안되고 콩트를 짜도 1~2주만에 내렸다."

그랬던 김구라가 벌써 10여 년째 톱 클라스의 MC로 고정 프로그램만 10개 내외를 진행하고 있습니다. 〈라디오스타〉나 〈썰전〉 같은 프로그램에서는 거의 '대체불가'한 캐릭터입니다.

막말과 독설의 이미지에도 그의 롱런 비결은 무엇일까요? 평론가들은 그의 성공할 수 있었던 힘이 의외로 '잡학다식'에 있었다고 꼽습니다. 실제 방송에서 보면 팝 음악과 시사에 대한 그의 지식은 꽤나 수준급입니다. 사실 김구라 만큼 본인의 잡학다식을 대놓고 과시하는 사람도 없지요.(웃음)

"오래 가려면 염치가 없어야 한다"는 그의 명언도 수긍이 갑니다.

이동우는 〈라디오 스타〉에서 "김구라는 무명시절 신문을 끼고 다녔다"라고 말합니다. 물론 신문은 실업자나 노숙자들이 가장 애용하는 필수품이긴 하지만요.(웃음) 확실한 것은 훗날 김구라가 예능뿐 아니라 시사 프로도 진행하는 걸 보면, 신문은 그의 성공에 밑거름이 되었으리라 보입니다. 이렇게 예능인도 열심히 신문을 보는데, 언론 지망생인 여러분은 신문 하나쯤은 끼고 다니나요? 우리 아들 보니까 쓰레기 버리는 날에만 신문이 눈에 띄는 모양이더라고요.(웃음)

콘텐츠 생산자로서 살아남으려면, 먼저 지(知)의 중요성을 강조하고 싶어요. '알아야 면장을 한다'는 속담도 있잖아요. 여기서 면장은 흔히들 알고 있는 면(面)의 행정을 맡아보는 면장(面長)이 아니라죠. 담벼락(墻牆)을 대하고 있는 것과 같이 답답한 상황을 면(免)한다는 공자의 말씀인 '면면장'(免面牆)에서 유래되었다고 합니다.

강의를 시작하면서 젊은 그대들과 만나다 보니 새로 아는 게 많아졌어요. '압축의 시대'라고 하는데, 재미있는 축약어도 알게 됐지요.

ㄱㅇㄷ / ㅂㅂㅂㄱ : '개이득' 그리고 '반박불가'의 초성이라죠. 개이득이란 말도 낯선데, 그걸 또 줄여서 'ㄱㅇㄷ'이라니 … 난 태어나서 처음 알았어요.(웃음) '꼰대' 소리 안 들으려고 열심히 배우고 있습니다.(웃음)

소확행, 워라밸 그리고 미닝아웃, 4차 산업혁명 … 이런 말들도 유행하는데요. 처음엔 낯설더니, 이젠 뉴스 제목으로도 종종 등장합니다. 또 '포스트 TV시대' 또 '유튜브시대'가 도래했다고 합니다. 이런 시대의 흐름과 키워드들을 놓치지 말고 하나하나 저장해 놓으세요. 뭘 알아야 기획이 나오고 취재가 시작되는 법이죠.

국가수리과학연구소 소장인 박형주 교수는 '224년 브리태니커 백과사전은 왜 사라졌나'라는 주제 강연에서 "한번 배운 것으로 평생을 먹고 사는 시대는 이제 다신 오지 않는다"고 했습니다. 엄청난 지식의 폭발 시대에 더 이상 과거의 지식은 유효하지 않다는 거죠. 난 한 번 배운 것으로 평생 먹고 사는 시대에 살다가 퇴직했으니 얼마나 다행인지 모릅니다.(웃음) 박형주 교수는 이제 누가 세상의 변화를 빠르게 읽어내고 지식을 활용할 수 있느냐가 핵심이라고 강조합니다.

"하나만 알아서는 안돼 둘만 알아서도 안돼. 안 보이는 셋까지 생각해."

이어령 선생은 저서 『지의 최전선』에서 지금은 "인터페이스 혁명시대"라고 말합니다. 그래서 보이지 않는 셋까지 우리는 탐구해야 한다고 강조하죠. 보이는 것, 들리는 것들은 누구나 압니다. 정보와 뉴스는 매일 쏟아지고, 인터넷을 검색하면 다 나옵니다. 이미 나온 뉴스를 재탕하면 채널이 돌아갑니다. 메인 저녁 뉴스의 주 시청자 층은 50-60세대 이후 장년층과 노년층이라잖아요. 스마트폰 세대들은 낮에 본 뉴스는 더 이상 안 보는데, 나이 들면 방금 본 뉴스도 기억이 가물가물합니다. 종일 같은 뉴스를 봐도 늘 새로운 뉴스죠.(웃음)

이어령 선생이 말하는 "보이지 않는 셋"이란 맥락을 읽어내면서 메시지를 찾아내는 작업이라 생각해요. 누구나 아는 뉴스에서 보이지 않는 '셋'을 생각하고 고민해야, 새로운 뉴스가 나오는 것이죠. 물론 '셋'은 둘째 치고, '하나' '둘'도 아예 모른다면 무슨 말을 하겠습니까.(웃음) 결론은 콘텐츠 제1의 필살무기인 지(知)란, '아는 것에서 머무는 것이 아니라 시대의 흐름과 맥락을 잘 읽어내는 것'입니다.

4-3. 제2의 무기 ··· 감성(感性) : 사슴의 눈망울과 유혹의 기술

다니엘 밀로의 저서 『미래 중독자』를 보면 암컷 사슴들은 최신형 XL사이즈 뿔을 장착한 수컷사슴을 선호한다죠. 사실 수컷에게 큰 뿔은 권력의 상징이기도 하지만 포식자의 좋은 사냥감이죠. 너무 큰 뿔은 무거워서 빨리 도망갈 수 없기 때문입니다. 늘상 목숨이 위태로운데도, 수컷들은 암컷을 지배하는 큰 뿔에 집착합니다.(웃음)

작은 뿔을 가졌다고 수컷이 이성을 차지할 방도가 전혀 없는 것은 아니라는데요. 쉽게 감상에 젖는 암컷의 경우 우수에 찬 눈망울을 가진 수컷을 좋아한답니다. 그래서 그런지 작은 뿔을 가진 사슴의 눈을 자세히 보면 촉촉이 젖어 있습니다. 암컷을

유혹하기 위한 그야말로 눈물겨운 모습이죠.(웃음)

주변을 돌아보면 나보다 분명 잘난 게 없는 친구인데, 멋진 여성과 사귀는 경우를 보잖아요. 화가 납니까? 안 납니까?(웃음)

몰라서 그렇지 그런 친구들은 아마도 나름 우수에 찬 눈망울을 소유하고 있을 거예요. 남학생 여러분! 큰 뿔이 없다고 한탄하지 말고, 거울을 보면서 우수에 찬 눈망울을 연습해 보세요.

인터넷에서 "많은 인기남의 공통점은 감성이 풍부하다"라는 글을 봤습니다. 감성이 풍부하다는 것은 아주 사소한 일에도 잘 감동하는 사람이랍니다. 사람의 감정은 옆 사람에게 잘 전파되는 힘을 갖고 있잖아요. 우리 남학생들 스스로 감정이 메말랐다면, 인기남은 포기하세요.

와이프는 나보고 감성이 메마른 사람이라고 단언합니다. 사실 이제 와서 인기남이 되겠다고 발버둥칠 일도 없잖아요.(웃음)

에릭 프롬은 그의 저서 『사랑의 기술(The Art of Loving)』에서 "사랑도 사랑할 줄 아는 조건과 기술을 갖춰야 된다"고 강조하죠. 구체적 방

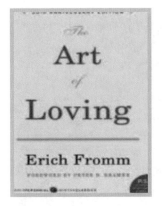

법으로 '독서와 음악감상, 명상을 하고 과식, 과음을 자제하라'고 권유합니다. 또한 '타인에 대한 집착을 버리고 혼자 있는 연습도 필요하다'고 해요. 사랑 한 번 한다는 게 무슨 고행길도 아니고. 안 하고 말지 … (웃음)

연애의 목적은 사랑이고 콘텐츠의 목적은 공감입니다. 둘 다 감성을 건드리는 유혹의 기술이 필요하죠. 많이 안다는 것과 제대로 전달한다는 것은 별개의 문제입니다. 요리로 치면, 똑같은 식재료를 갖고 있어도 엄마의 손맛을 내는 사람은 따로 있는 법이죠.

제1의 필살무기로 아는 것(知)의 중요성을 얘기했지만, 제2의 필살무기는 감성이다. 감성이란 세상의 지식과 흐름을 효율적으로 전달하는 도구이죠. 사슴의 '우수에 찬 눈망울'이 여심을 훔치듯, 마음을 훔치는 감성도둑이 돼 보자고요.

4-4. BTS의 성공 : 디지로그(digilog)에서 나오다

뉴욕타임즈는 최근 출간된 『아날로그의 반격』을 '올해의 책'으로 선정했는데요. 책에선 사라진 줄 알았던 아날로그 제품들이 신상품으로 재탄생하고 있다는 것과 아날로그에 착안해 성공한 사업가들의 사례를 보여줍니다. 즉, 아날로그는 여전히 돈이 되고 경쟁력이 있다는 겁니다.

80년대 컬러TV 시대가 개막됐을 때, 다들 극장은 망할 것이라고 말했죠. 하지만 천만 관객 영화는 매년 쏟아지고 있습니다. 필름은 사라져

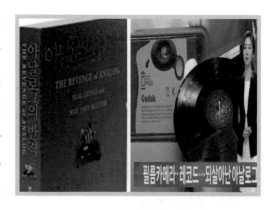

도 사진에 대한 애착과 욕구는 갈수록 늘어납니다. LP 음반은 역사에서 퇴장한 줄 알았는데, 요즘 젊은 세대에게는 '신세계'로 각광을 받고 있다잖아요. 신문과 방송 뉴스도 형태는 바뀌어도 정보에 대한 욕구는 바뀌질 않습니다. 실제 과거의 향수를 느끼게 하는 '레트로 열풍'은 복고 패션에서부터 음악, 미술, 광고 등 모든 분야에서 트랜드로 자리잡고 있음을 확인할 수 있는데요. 미묘한 감정의 전달에 디지털 언어만으로는 한계가 있기 때문이겠죠.

세상의 모든 존재들은 본래 아날로그 방식으로 자신을 표현하노록 만들어져 있다고 합니다. 아날로그의 어원을 보면 Analogus로 '자연과 유사하다'라는 뜻이라죠. 바로 우리가 아날로그 감성에 주목해야 할 이유일 겁니다. 지금은 디지털과 아날로그의 합성어인 '디지로그'(digilog)세상이라고 합니다.

2007년 뉴욕 타임즈는 "스티브 잡스가 18세기 영국 낭만주의 시인 윌리엄 블레이크(William Blake, 1757~1827)의 시에서 영감을 얻다"는 기사를 실었는데요.

"손바닥 안에 무한을 거머지고 순간 속에서 영원을 붙잡는다."

(Hold Infinity in a palm of your hand, And Eternity in a hour …)

- '순수를 꿈꾸며' 중 -

'손바닥 안에 무한을 거머지고'라는 블레이크의 시(詩)구절이 조그만 손안에서 무한의 세계가 펼쳐지는 '아이폰'의 등장과 무관치 않다는

것이죠. 스티브 잡스의 천재성도 바로 아날로그적인 통찰력과 영감에서 출발하고 있다는 얘기입니다.

방탄소년단(BTS)이 한국어 가사인 '라이프 고스 온'(Life Goes On)으로 빌보드 싱글 차트인 '핫 100' 1위에 올랐다는 놀라운 뉴스가 있었습니다. 한국어 곡이 싱글 차트 정상에 오른 것은 빌보드 62년 역사상 처음이라죠.

"어느 날 세상이 멈췄어 아무런 예고도 하나 없이 … (중략)

멈춰있지만 어둠에 숨지마. 빛은 또 떠오르니까"

언론들은 BTS의 가사가 숨막히는 코로나19 시대에 인류에게 힐링 메시지를 던진다고 말합니다. 문화평론가 김헌식은 "누구나 공감할 수 있는 노래를 하게 되면 그것이 세계 주류로 갈 수 있다는 모범적인 사례 … "라고 분석합니다.

'내 일주일, 월화수목 금금금금'

예전에도 BTS의 노랫말은 88만원 세대의 비애와 그들의 삶을 저당

잡는 세상에 대해 일갈하며 세계 청춘들의 공감을 불러왔죠. BTS는 그들만의 방식으로 세상을 읽어내면서 지구촌 젊은 세대의 아날로그 감성을 뒤흔들고 있습니다.

주철환 PD는 BTS의 성공이 디지털시대의 기술(물질)과 아날로그시대의 가치(태도)가 융합한 데서 비롯됐다고 말합니다. BTS는 기계적으로 춤추지만 인간적으로 다가온다는 것이죠.

종편 MBN에서 방송 중인 〈나는 자연인이다〉라는 프로그램이 벌써 7년째인데요. 처음 프로가 나왔을 때 몇 개월 못가서 내릴 줄 알았어요. 무엇보다 '산속에 사는 자연인이 얼마나 되겠는가'라고 생각했지요. 그런데 전국 곳곳에 자연인이 무려 3만 명이나 된다네요.(웃음) 매주 1명씩 1년에 50명 정도 출연하니까, 앞으로도 600년은 더 방송할 수 있습니다. 이씨 조선 500년 보다 길어요.(웃음)

〈나는 자연인이다〉의 성공비결은 무엇보다 현대인의 아날로그 감성을 자극한 데 있다고 봐요. 1997년 IMF와 2008년 금융위기를 거치면서 대한민국은 수많은 낙오자와 실패자들을 낳았습니다. 이들에게 깊은 산속은 도피처일 수도 있겠지만, 한편으로 인간의 회귀본능을 유혹하는 에덴의 동산인지도 모릅니다. 제작진은 시대의 아픔을 읽었고, 한편으론 시대에 위로를 주었다고 볼 수 있습니다. 〈나는 자연인이다〉는 아날로그 감성을 팔고 있는 대표적인 프로그램인 셈이죠. 디지털 기술이 세상을 지배하는 것 같아도 인간의 아날로그 DNA까지 바꾸진 못합니다. 콘텐츠의 목적은 공감 획득이고, 공감을 얻기 위해선 아날로그 감성에 호소해야 하는 이유입니다.

유의할 점 하나!!

콘텐츠에서 감성적 접근은 조미료에 해당합니다. 감성을 살짝 뿌려야, 제 맛이 살아납니다. 너무 감성적이면, 맛도 시청자도 다 사라집니다.(웃음)

4-5. 연어 · 철새의 학습 : 직관력의 시효는 '29세'

동물행동학자인 엠린(Stephen T. Emlen)은 철새들은 태양을 보고 이동루트를 기억하거나 밤에는 별자리를 보고 방향을 기억했다가 목적

지에 도달한다고 주장한 바 있습니다. 누가 머리 나쁜 사람을 '새대가리'라고 하나요?(웃음)

연어는 태어난 강을 떠나 베링해를 거치고 알래스카를 지나 수천 킬로미터의 바다를 헤엄치며 살아갑니다. 자신이 살던 고향의 강의 물맛과 냄새를 기억하는 후각으로 자신이 태어난 강으로 돌아간다지요.

생물학자들은 동물들에겐 귀소 본능이라는 유전자가 내재해 있지만 매일 매일의 경험을 통해 학습하고 발달시킨다고 말

합니다. 연어나 새들도 경험과 학습을 통해 '동물적 본능과 후각'을 DNA화한다는 것이죠.

전(全)세계에서 2,500만 부 팔린 『시크릿』의 저자 론다 번(Rhonda Byrne, 1951~)은 국내 한 일간지와의 인터뷰에서 "직관력은 모든 인간에게 내재된 자질이자 감각"이라고 말합니다. 그래서 연습과 훈련을 하면, 근육과 마찬가지로 직관력도 향상된다는 것이죠. 나같이 직관력이 없는 사람에겐 얼마나 위로가 되는지 몰라요.(웃음)

론다 번은 또 '직관력은 일단 성장하기 시작하면 이내 우리가 모르는 척할 수 없는 매우 강한 느낌으로 발전한다'고 강조합니다. 무엇보다 근육학습의 특징은 한 번 배우면 쉽게 잊혀지지 않는다는 점입니다. 론다 번이 말하는 직관력이란 통찰력과 상상력의 다름이 아닐 겁니다. 직관력은 콘텐츠 제작에서 포인트를 잡아내고 차이를 만들어냅니다. 콘텐츠 크리에이티브를 꿈꾼다면 이미 내재된 직관력을 근육으로 만드는 학습과 훈련을 해야 합니다.

문제는 우리의 직관과 감성 근육이 발달하는 시한이 정해져 있다는 점이에요. 시한은 20대 마지막인 29살이에요. 근거는 묻지 마세요.(웃음) 나를 돌아보니 20대에 형성된 감각과 감성이 지금 이 나이에도 그대로 멈춰있어요.(웃음)

4-6. 기타리스트의 '감정서랍' : 꽉 차야 직관력이 솟구친다.

국제 콩쿠르를 9번이나 휩쓴 클래식 기타리스트 박규희는 언론과

좋은 기타리스트는 감정의 서랍을
많이 가지고 있어야 한다.

작은 경험과 느낌도 다 저장했다가
음악에 따라 꺼내서 쓰려고 한다

기타리스트 박 규 희

의 인터뷰에서 "자신 안에 다양한 감정, 즉 느낌과 경험을 버리지 않고
축적한다"고 말합니다. 또 "언제든 꺼내 쓸 수 있도록 감정의 서랍을
잘 정리한다"고 합니다.

"젊음은 낭비해야 돼"
"난 세상에서 가장 슬픈 게 스물다섯 살짜리가 주식시장 얘기하는 거
라고 생각해." "부동산이라니! 재금융이라는 단어를 입에 올리는 25살
짜리는 누구든 총살해야 해"(웃음)
앤드루 숀 그리어(Andrew Sean Greer, 1970~)의 소설 『레스』에서 인
상 깊게 읽었던 대목이에요. 소설은 한때 우리에게 소중했지만, 지금
은 잊고 지내는 사랑과 음악과 시에 대해 얘기하라고 말합니다. 연극,
영화, 뮤지컬, 전시회 등 많이 구경하세요. 시, 수필, 소설, 평론, 신문
칼럼도 두루두루 섭렵하세요. 지독한 사랑과 아픈 이별도 경험해보
고요. 남들의 감성을 훔치려면 본인이 감성이 풍부해야 합니다. 내일
세상의 종말이 올 것처럼, 술도 많이 취해 보세요. 『기자, 그 매력적인

이름을 갖다』의 저자 안수찬은 "배움은 주로 거리와 술자리에서 얻었다"며, 자신의 기자시절을 회고합니다.

누군가 '소중한 기억은 휘발성이 남달라서 자꾸 사라지려든다'고 말했어요. 기타리스트 박규희처럼 20대의 작은 경험과 느낌 그리고 특별한 기억들을 '감정 서랍'에 꼭 간직하세요. 지난 시간에 '관점'이란 정보의 양이 쌓여야 나타난다고 말했는데, 직관과 통찰 역시 감정 서랍이 꽉 찼을 때 솟아오를 겁니다. 단언컨대 훗날 감정의 서랍을 써먹을 날이 꼭 옵니다.

"두 개의 필살 무기 !!!

지(知)- (흐름 맥락) 그리고 사랑(感性)- (공감능력)"

헤르만 헤세의(Hermann Hesse, 1877~1962)의 『나르치스와 골드문트』란 소설이 있죠. 대학시절에 『지와 사랑』이라는 제목으로 읽은 기억이 납니다.

두 친구의 이야기인데요. 나르치스는 지성과 이성을, 골드문트는 예술과 감정을 상징합니다. 여기 여학생들은 지적인 남자와 감성적인 남자, 둘 중에 누구를 선호하나요? 아무나 상관없다고요?(웃음) 사실 너무 감정적인 사람은 왕짜증나고 너무 지적인 사람은 밥맛이죠.(웃음) 차가운 머리(지)와 뜨거운 가슴(감성)이 적당히 섞인 그런 사람 어디 없나요? 그런 남자는 이미 '완판'됐다고 하잖아요.

헤세는 두 친구를 통해 지와 사랑 중, 어느 것이 우위에 있는 개념은 아니라고 말하고 있지요. 둘 다 불완전한 인간으로 표현하고 있습니다. 궁극적으로 나르치스와 골드문트는 서로를 통해 자신이 보지 못한 삶과 세상을 깨닫게 됩니다.

"제대로 취재해! 잘 만들어봐!"

콘텐츠 측면에서 보면, 나르치스는 의미를, 골드문트는 재미가 아닐까 합니다. 지(知)란 맥락을 짚어내는 작가적 역량이고, 사랑이란 재밌게 가공하는 능력에 다름 아닙니다.

데스크(부장)들이 늘상 기자들에게 당부하는 말이 있어요. "제대로 취재해"와 "잘 만들어봐"인데요. 사실 당부가 아니라 "제발 … 제발 좀"이란 짜증이 담겨 있지요.(웃음)

'제대로'는 6하원칙에 따라 기본대로 취재하고, '잘'은 마지막 포장과 마감 작업까지 감각적으로 제작하라는 얘기입니다. 콘텐츠의 가치는 집값과 마찬가지로 포장과 마감에 따라 확연히 달라집니다.

좋은 콘텐츠 기획자 또는 멋진 제작자가 되고픈가요?

지(정보능력)와 사랑(공감능력) 둘 중 하나라도 놓치면 안됩니다. 지와 감성. 이 두 가지는 콘텐츠 제작의 생존 무기이고 함께 가야 합니다. 비록 창의성은 없다 하더라도, 콘텐츠 제작의 기본을 제대로 지키는 한편 잘 전달할 수 있는 방법에 대해, 고민의 끈을 놓지 마세요. 그러면 바보 소리는 듣지 않습니다. 최소한 중간은 갑니다.(웃음)

두 단어만 기억합시다. '제대로' 그리고 '잘'입니다.

다음 주에 봐요 제발~!!

특강5

『NO 잼』은 용서가 안된다

『NO 잼』은 용서가 안된다

5-1. 나태주와 송혜교 : 감탄은 훗날 … 자극은 지금

방송사에 다닐 때에는 사무실에도 엘리베이터에도 늘 TV가 켜져 있었죠. 30년 직장생활에서 텔레비전 화면을 피하지 못하고 지내왔는데요. 퇴직하면 TV와는 멀어질 줄 알았는데, 아니더라고요. 오히려 소파에 파묻혀, TV 앞에 있는 시간이 더 많아졌어요. 밖에 나서면 미세먼지와 코로나19로 '소파 밖은 위험'하잖아요.(웃음)

뉴스뿐 아니라 드라마, 예능, 넷플릭스 시리즈 등 가리질 않지요. 이제 텔레비전은 노년 세대들만이 즐기는 플랫폼이 됐는데요, 내가 그 속에 갇혀서 도무지 헤어 나오질 못하고 있습니다.(웃음)

최근 뉴스에 등장하는 리포터들을 보면 놀랄 때가 많아요. 기자들이 다들 연예인이나 모델 뺨칩니다. 원고도 없이 처음부터 클로징까지 술술 생방송을 하는 모습을 보면 마치 CNN을 보는 것 같기도 하고, 대단합니다. 리포트 중간에 기자 얼굴이 등장하는 걸 스탠업이라고 하죠. 나는 도무지 15초 넘는 스탠업은 외우질 못하거든요. 스탠업을 할 때는 한 문장으로 그것도 아주 짧게 했지요.(웃음)

빅히트 한 〈미스터트롯〉이란 오디션 프로에 참가한 출연자들 한명한명을 보면 재능과 실력이 보통이 아닙니다. 특히 세계 태권도 챔피언 나태주가 태권도를 하면서 노래하는 것을 보면서 탄성을 질렀어요. 요즘 이렇게 TV 앞에서 늘 감탄하면서, 하루하루 '노화 중'입니다.(웃음)

탤런트 송혜교의 사진 Before & After를 인터넷에서 캡쳐했는데요. 아마 여학생들은 감탄보다는 자극을 받을 거 같아요. 송혜교의 전후 사진을 보면 몸을 만들고 싶은 충동이 일어나지 않나요?

나 같은 사람은 '콘텐츠 소비자' 세대입니다. 반면 Z세대라고 불리는 여러분은 누구나 '콘텐츠 생산자'들입니다. 여러분이 어떤 직종을 택하든 콘텐츠를 생산해야 합니다. 멋진 콘텐츠를 만들려면, 늘 자극에 노출돼야 진보가 옵니다. 자극과 충격이 없다면, 나처럼 소파와 침대를 오가며 감탄만 하다 끝납니다.(웃음)

콘텐츠 생산자의 목표는 소비자들의 '감탄'을 불러오는 콘텐츠를 만드는 것이죠. 감탄을 자아내는 핵심적 요소는

'재미'입니다. 소위 대박을 쳤다는 콘텐츠를 보면 모두 보는 재미가 쏠쏠합니다. 뉴스와 다큐도 마찬가지입니다. 중요한 사안일수록 재미 있게 만들어야 하는 것이죠.

오늘은 '감탄과 재미'를 만드는 포인트'와 '흥미로운 전달방식'에 대해 같이 공부해 봅시다.

5-2. 생일 케익과 콘텐츠 : 나홀로 '자뻑'이 아니다

친구들을 초대해 생일파티 하면서, 식빵을 뜯으며 축하하진 않겠죠?(웃음)

나 홀로 생일을 자축할 때는 식빵이건 바게트건 무슨 상관이 있겠어요. 생일 케이크는 아주 특별한 날을 상징합니다. 친구들과 함께 즐거운 시간을 함께 하기 위해서 케이크는 존재한다는 것이죠. 나 홀로 '자뻑'하기 위해서 필요한 것이 아닙니다. 요즘 연인들은 하도 기념일이 많아서, 선물을 깜빡 잊을 때도 많지요.

"여자는 선물한 것을 잊지 않는다. 선물 받지 못한 것도 잊지 않는다."

오래전 일본의 세이부 백화점의 '화이트데이' 광고카피인데요. 내
경험상 여성에게 선물해도 유효기간은 얼마 못 가 끝납니다. 그렇다
고 선물을 안 주면 평생 보복에 시달린다는 사실입니다.(웃음)

여친의 취향을 저격하려면, 어떤 선물을 할 것인지가 늘 고민이죠.
사실 고민할 필요도 없어요. 여성들은 작고 반짝이는 것에 약하다고
하잖아요. 여친에게 대충 선물했다간 자칫 마지막 생일 선물이 될 수
도 있습니다.(웃음)

콘텐츠 역시 마찬가지로 나 홀로 '자뻑용'이 아닙니다. 생일 케익
과 선물처럼 '아주 특별함'을 선사해야 시청자들은 기억하고 감탄을
한다는 것이죠.

5-3. 기분이 조크든요 : 25년 후 '역주행'

1994년에 방송된 뉴스가 요즘에 TV 예능프로와 SNS에서 화제가 되고 있는데요. 소위 "기분이 조크든요"의 유행어를 낳기도 한 뉴스지요. 얼마 전에도 한 학생이 예능프로 〈놀면 뭐하니〉에서 방송탔다고 연락왔더라고요.

내가 문화부기자 시절, 바로 '화제의 뉴스'를 만든 장본인입니다.(웃음)

1994년 9월에 〈X세대 신 패션〉이란 제목으로 보도한 뉴스예요. 당시에는 그저 '재밌다' 정도였지, 주목을 받지 못한 뉴스죠. 가요를 보면, 옛 노래가 다시 주목받는 '역주행'이란 게 있잖아요. 최초로 뉴스에서도 역주행을 만들어낸 셈입니다. 정말 기분이 조크든요.(웃음)

한국일보는 관련 기사에서 지금의 20대가 1990년대 뉴스에 열광하는 이유는 소위 X세대의 당당한 애티튜드(attitude)와 자신감 때문이라고 의미 부여하기도 합니다. 헬조선 시대에 주눅든 자신들과 비교해, 당시 X-세대들의 발칙한 자신감이 부럽다는 것이죠. 내가 만든 뉴스지만, 이렇게 깊은 뜻이 있는지 몰랐어요.(웃음) 난 그저 하루하루 기자들에게 할당된 꼭지 수를 채우는 데 급급했거든요.(웃음)

사실 이 뉴스가 뜨는 이유는 당차고 톡톡튀는 인터뷰가 '재미'를 주기 때문이 아닌가 생각해요. 요즘 세대에겐 아주 오래전 '재미있는 인터뷰' 하나가 꽤 인상적으로 남는 모양입니다.

지금 나는 퇴직해서 우울하게 지내고 있는데, '기분이 조크든요' 인터뷰가 인구에 회자되면서 모처럼 기분이 좋아졌어요.(웃음)

자신이 만든 뉴스나 콘텐츠를 누구도 기억하고 있지 않다면 매우 슬픈 일이죠. 짧은 1분30초 뉴스라 할지라도 '기사'와 '인터뷰' 그리고 '영상', 이 셋 중에 어느 것 하나라도 인상에 남겨야 합니다. 콘텐츠를 만드는 목적은 누군가의 기억에 남게 하는 거 아니겠어요? 지금은 주목받지 못한다 해도, 훗날 '역주행'으로 갈채 받을지 누가 알겠어요?

5-4. 나영석표 차별성 : 재미만으로는 진보가 없다

나영석 PD는 예능계 미다스의 손으로 불리죠.

〈꽃보다 할배〉는 한물간 할배들을 출연시켰는데요. 소위 대박을 쳐서, 주변을 놀라게 했습니다.

〈삼시세끼〉 프로그램은 처음 기획단계에서 "시골에서 밥만 먹는 프로를 누가 보겠는가?", "리스크 감당은 어쩔 것이냐"며 방송사 간부들의 반대가 심했다죠. 그래도 〈꽃보다 할배〉의 성공을 보고 〈삼시세끼〉를 허락했다고 합니다. 사실은 '나영석'이란 이름 석자를 믿고 투자한 것이겠죠. 한번 성

공하면 주변에서 인정받고, 두 번째 기회를 보장받게 됩니다. 냉혹한 방송가 현실에서 한 번의 실패는 자칫 재기 불능까지 몰고 갑니다.

나영석표 예능은 분명 다른 예능과의 차별성을 확보하고 있는데요. 나이가 들어서 그런지, 연예인들이 집단으로 출연하는 시끄럽고 요란한 프로가 그렇게 미울 수가 없어요.(웃음)

나영석표 예능은 소파에 푹 파묻혀, 나 홀로 낄낄대면 됩니다. 재미도 있지만, 삶의 이치도 놓치지 않습니다. 어차피 하루 세 끼 인생인데, 한 끼 한 끼에 집중하는 것이 바로 행복 아니냐는 메시지를 던집니다.

세계적인 광고제 '칸 라이언즈'에서는 '지루함의 힘, 평범함이 놀라움이 될 수 있다'는 주제로 세미나를 열었는데요. 여기서 주최측은 "몇 명이 출연해 하루 세 번 밥을 먹는 것을 보여주는, 평범함으로 유명해진 TV 프로그램이 있다"며 나영석 PD를 소개했다고 합니다. 나영석은 단순함과 소소함에서 가장 큰 재미를 발견한 것입니다. 예능 프로그램도 웃기기만 하면 된다는 것은 옛말이라죠. 요즘은 웃음뿐 아니라 힐링도 선사해야 된다고 합니다. 나영석은 "재미있다는 이유만으로 끝나면, 진보가 없다"라고 말했는데요. '한번 더 고민해야 된다'는 의미일 겁니다.

이제 PD 개인의 브랜드 파워는 방송사 이름보다 세졌습니다. 어느 방송사에서 제작했는지는 몰라도, 프로그램과 PD의 이름은 기억합니다. 시청자들은 '나영석' '김태호' '서혜진' '신원호' PD라면 믿고 봅니다. '이름 석자'는 예능계 최고의 브랜드 파워가 됐습니다. 비슷비슷한 예능프로에서 왜 시청률의 차이가 나는지, 어떻게 콘텐츠에서 차별성을 확보하는지 이들은 입증하고 있어요.

뉴스를 생산하는 기자들도 흥미롭게 만들지 못하면 버티기 힘든 현실입니다. 시청자와 독자들은 이제 더이상 메이저 언론에 관심이 없습니다. 네티즌 세대는 온라인과 유튜브를 통해 뉴스를 구독하죠. 이들은 바이라인(출처)을 신경 쓰지도 않고 기억하지도 않습니다. 이렇듯 언론과 방송환경이 급변하면서 일반 기자들도 각자 도생으로 내몰리고 있지요. 아침마다 책상 앞에 놓여있는 분당 시청률표에 따라 기자들은 평가를 받고 희비가 엇갈립니다. 방송사마다 수백 명 기자들이 있지만, 화면은 낯익은 얼굴들로 채워집니다. 폼 나는 방송 기자하고 싶어 입사했는데, 제대로 마이크 한번 못 잡고 어느 순간 화면에서 사라진 기자들도 적지 않습니다. 꼭 마이크를 잡고 싶으면 노래방 가야 됩니다.(웃음)

5-5. 뉴스도 예능처럼 … : 경계와 영역이 무너진다

요즘 시사프로를 보면 다분히 시사와 예능이 결합한 형식이 하나의 장르가 되고 있는데요. 시사 프로그램의 영역이나 경계가 허물어지고,

교양 PD와 예능 PD의 구분도 사라지는 추세입니다. 프로그램 출연자들의 토론은 때론 불꽃 튀지만, 그들의 유모와 재치 경쟁도 치열합니다.

예능 PD들이 만드는 시사토론 프로가 기자들의 소중한 밥그릇을 빼앗고 있는 것이죠.(웃음) 기자들도 뉴스에서 예능의 요소를 도입하고 있는데요. 한 종편방송의 메인 뉴스프로그램에서 방송된 자막은 PPT 상에서 보듯 뉴스 자막인지 예능 프로의 자막인지 헷갈리죠. 뉴스의 품격을 떨어뜨린다는 비판도 있지만 시청자의 눈길을 사로잡는 효과는 분명해 보입니다. '재미'라는 키워드가 예능에만 국한되지 않음을 보여주는 것이죠.

> "미래의 기자는 전공분야를 살리면서도 작가적 역량을 갖추고 아젠다를 세우는 엔터테인먼트적 요소까지 함께 발휘해야 한다."
>
> - 연세대 커뮤니케이션연구소 -

커뮤니케이션 전문가인 강정수 박사는 이제 기자들에겐 글을 쓰는 작가적 역량은 물론 재밌게 전달하는 엔터테인먼트 재치가 요구된다고 말합니다. 기사 한 줄 쓰는 것도 버거운데, 기자로 산다는 것이 갈수록 험난해지고 있지요. 전문가의 얘기가 아니더라도 작가적 역량과 재치는 콘텐츠 제작에 필살 무기일 겁니다. 이제 언론 시장에서 PD와 기자라는 경계와 영역 구분은 무의미해지고 있습니다. 뉴스와 시사의 전달 방식에서도 파격과 파괴 현상이 나타나고 있는 것이죠. 기자처럼 냉정하게 취재하고 동시에 PD처럼 재치있게 제작해야 하는 시대입니다.

시카고 〈트리뷴〉의 편집국장은 "나는 이제 신문의 편집국장이 아니다. 콘텐츠 회사 매니저라는 표현이 맞을 것이다"라고 선언했다는데요. 바야흐로 뉴스도 콘텐츠 차원에서 접근해야 하는 시대가 도래한 겁니다.

5-6. 흥미롭지 않다면 … : 중요하게 느껴지지 않는다

국민연금 기금투자수익률이 당초 정부 예상에 비해 2년 연속 2%P 낮았던 것으로 나타났습니다.

정부가 2013년 3차 재정추계를 하면서 기금을 운용해 2015년 6.82%, 2016년에는 7.15%의 수익을 거둘 것으로 가정했습니다.

이를 토대로 2060년이 되면 기금이 고갈될 것으로 전망했는데, 실제 투자수익률은 2015년 4.57%, 지난해 4.75%로 2%P 넘게 차이가 났습니다.

"9년 빨라져 2051년 고갈"

이번 주 뉴스 중에 '2051년 국민연금 고갈'이란 제목의 뉴스를 본 적 있나요? 물론 안 봤겠지요.(웃음)

2051년이면 나는 이 세상에 붙어 있을지도 모르겠고, 사실 관심없는 뉴스에요.(웃음) 하지만 여러분에게는 노후자금인데 정말 중요한 뉴스입니다. 이런 뉴스는 꼭 보고, 젊은 세대들이 분노해야 할 일이죠. 하지만 뉴스를 보면서 기자의 전달 방식을 문제 삼고 싶어요. PPT 화면에 기사의 일부분을 옮겨 놨는데, 아무리 뉴스라지만 참, 이렇게도 딱딱하고 재미없게 만들 수 있나 싶어요. 리포트의 리드부터 계속 수치만 나열하고 있습니다. 클로징 문장에 '보험료율의 인상 논란이 불거질 전망'이라고 끝을 맺고 있어요. 자세히 볼수록, 무슨 말인지 모릅니다.(웃음)

물론 기자는 수치를 통해 사안의 중요성을 설명하려고 했을 겁니다. 하지만 수치가 하도 많아 눈에 들어오지도 않아요. 리포트를 보면 국민연금 운용의 문제점을 부각하거나 미래세대의 우려의 목소리는 전혀 없어요. 정말 중요한 뉴스인데, 시청자들의 공분도 또 반향도 일으키지 못하고 있는 것이죠. 공분을 불러 일으켜야 사회적 대안이 나오는 법입니다. '청년실업'이나 '최저임금' '국가채무비율' 그리고 '기본소득'에 대한 뉴스는 바로 나의 삶과 직결된 문제인데, 모두들 일회성 소비용 뉴스에 머물고 맙니다. 기사의 객관성도 중요하지만 뉴스는 파급력과 영향력을 가져야 한다는 거죠.

"중요한 사안일수록 반드시 최선을 다해 '흥미롭게' 전달해야 한다."
소설가 알랑드 보통의 저서 『뉴스의 시대』에 나오는 말인데요. 알랑드 보통은 진지한 기사라는 게 원래 지루하다는 주장은 너무 안이하다고 일침을 놓습니다. '알랑드 보통'은 이름만 보통이지, 정말 보통이 아니에요.(웃음) 뉴스 자체가 흥미롭지 않다면 시청자가 무슨 중요성을 느끼겠어요?

5-7. 재미와 의미… 두 마리 토끼를 잡아라.

팀 과제로 제출했던 여러분의 카드뉴스 중 아주 재밌는 과제물 하나를 소개할게요. 〈인생샷이 없습니다〉라는 타이틀인데, 모두 8컷입니다. 카톡 프로필에 올리는 우리시대 부모님의 사진이 소재죠.

내 프로필

인생샷이
없습니다.

카드 ②와 ③을 보면 아빠들은 주로 산봉우리에 올라 돌기둥과 찍은 사진을, 엄마들은 한결 같이 꽃밭에 파묻힌 사진을 올린다는 거죠.(웃음)

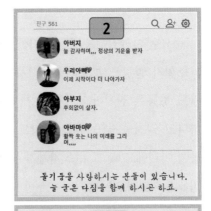

친구 561

아버지
늘 감사하며,,, 정상의 기운을 받자

우리아빠♥
이제 시작이다 더 나아가자

아부지
후회없이 살자.

아바마마♥
활짝 웃는 나의 미래를 그리며,,,,

돌기둥을 사랑하시는 분들이 있습니다.
늘 굳은 다짐을 함께 하시곤 하죠.

카드뉴스 밑에 설명글도 하나하나 맛깔나고 미소를 자아냅니다. 아빠들은 돌기둥을 사랑하는 분으로, 늘 굳은 다짐을 하곤 합니다. 엄마는 꽃향기를 사랑하는 분으로, 항상 만인에게 축복을 기원한다고 묘사합니다.

어떻게 부모들의 카톡 사진을 소재로 택했을까, 발상과 구상이

친구 561

우리엄마
모두 행복하세요
^^

어마마 ♥
당신은 사랑 받기 위해 태어난 사람♡

어머니
꽃길만 걷자~

여사님
좋은 일이 가득하길,,,

꽃향기를 사랑하시는 분들이 있습니다.
만인에게 축복을 함께 내리시곤 하죠.

아~~주 놀라워요. 나로선, 부모세대의 프로필 사진이 유사하다는 것을 처음 알게 됐어요. 소재와 주제는 바로 '우리 곁에 있다는 것을, 발명하는 것이 아니라 발견하는 것'이라는 사실을 다시금 깨닫게 합니다.

카드 ④에서 "나도 모르게 피식 웃으셨나요?"라고 적었는데요. 이 카드뉴스를 본 사람들이 재미 있어 할 거라고 예상까지 하는 거죠. 아주 교활한 제작자들입니다.(웃음) 사실 콘텐츠 제작에서 가장 중요한 부분은 기획 단계에서 독자의 반응을 예측하고 치밀하게 계산하는 거겠죠.

카드 ⑤엔 부모들의 프로필이 비슷한 이유가 바로 공통된 관심사에서 기인한다고 설명하고 있는데요. 남자들은 대개 등산이고, 여자들은 꽃구경이라고 말이죠.

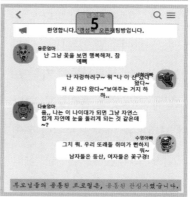

젊었을 때는 그렇게 개성이 강하고 경쟁하던 부모세대도 나이가 들면 모두가 '건강'과 '자연'에 눈 돌리고, 한때 잘나갔건 못나갔건 결국 똑같다는 놀라운 깨우침과 교훈을 주고 있지요.(웃음)

무엇보다 딱딱한 글로 풀어내지 않고, '카톡방 대화'를 예시해 재밌게 구성하고 있는데요. '사례'는 독자들에게 재미도 주지만, 공감을 불러옵니다. 이 카드뉴스를 본 부모 세대라면 다들 내 이야기라며 무릎을 칠 거예요.

카드 ⑥은 부모님들이 사실 등산이나 꽃 사진이 좋아서 프로필 사진을 올리는 것이 아니라 자녀 누구도 프로필 사진을 찍어주지 않아서 '인생샷'이 없는 거라며 반전을 보여줍니다.

카드 ⑦은 친구들 사이에선 서로의 '인생샷'을 건져주기 위해 갖가지 요상한 포즈까지 마다 않는 모습을 보여주고 있는데요 그리고 주말에는 부모님들이 카톡 프로필에 '인생샷'을 올리도록, 바닥에 드러누워 멋진 프로필을 찍어드리자며 '착한 메시지'를 전합니다.

지금 강의실에서 카드뉴스를 함께 본 여러분들도 문득 '주말엔 부모님 프로필을 찍어드려야지' 하는 다짐을 하고 있겠죠?

이렇게 제작진이 전하고자 하는 메시지가 억지스럽지가 않습니다. 자연스럽게 효심을 자극하고 교훈적인 메시지가 담긴 카드뉴스는 처음이에요.(웃음)

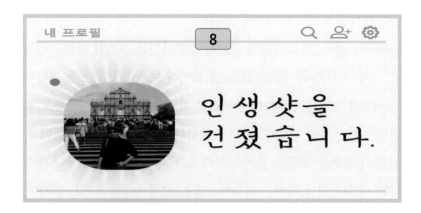

마지막 페이지도 인상적이에요.

'인생작'에 뽑힌 사진이 누군지 알아보겠나요? 내 프로필입니다.(웃음)

아마 등산 프로필이 아니라서 '인생샷'에 당첨된 모양이에요. 사실 등산을 워낙 미워해서 산에서 찍은 사진이 없어요.(웃음)

놀라운 것은 어떻게 담당교수의 카톡 프로필을 생각해냈고 조사했을까요. 콘텐츠의 궁극적 목적은 독자나 시청자의 마음을 훔치는 겁니다. 이 카드뉴스의 실질적인 독자는 딱 1명입니다. 바로 과제를 냈고 채점을 하는 담당교수입니다. 마지막 페이지에 나를 등장시켜 독자의 취향을 제대로 저격했습니다.(웃음)

콘텐츠 제작에서 가장 중요한 '의미와 재미'라는 두 가지 요소를 살렸어요. 독자의 효심을 자극한다는 점에서 뉴스 가치가 있고요. 글과 구성에서는 재치가 넘칩니다. '나의 인생샷'이 나왔다고 너무 편향적인가요?(웃음) 모든 콘텐츠가 그렇듯 뉴스와 시사물도 '재미와 의미' 두 마리 토끼 중 하나라도 놓치면 실패작이 됩니다. '콘텐츠가 정말 재미있다면 그 자체로 의미가 있는 것입니다.' '콘텐츠가 정말 의미

있다면 나름의 재미를 느끼게 됩니다.'

누구나 저널리스트가 되면 중요하고 의미 있는 뉴스를 만들고 싶지요. 그렇다면 흥미로운 전달방식을 고민해 보세요. 콘텐츠를 전달하는 형식과 방법은 누구보다 자유롭고 유연해야 합니다. 자유롭고 유연하다는 건 무얼 말하나요? 나도 모릅니다(웃음) 진부하거나 판에 박힌 듯한 표현을 프랑스 용어로 클리셰(cliche)라고 하죠. 누구나 예측하는 전개나 전달 방식은 탈피해야겠죠. 콘텐츠에선 정답은 없지만, 단 '뻔하게' 만들지 말자는 겁니다.

" 당신이 어머니와 아내를 죽이고 로마를 불태우고 나라를 범죄로 물들인 것은 용서할 수 있습니다. 그러나 당신의 시를 듣는 동안의 구역질 나는 지루함은 용서할 수 없습니다."

1955년 작품 영화 「쿼바디스」를 보면 로마의 네로 황제는 폭군이자 자칭 최고의 시인으로 묘사됩니다. 네로의 최측근이었던 페트로니우스는 유서를 통해 다 용서해도 지루함은 용서할 수 없다며 네로의 시를 경멸하죠. 예나 지금이나 '노잼'(NO 재미)은 용서가 안되는 시대입니다.(웃음) 목사님의 가장 큰 죄는 설교가 지루한 것이라고 하죠. 오늘 강의가 지루했나요? 미안합니다.(웃음)

다음 주에 봐요 제발~!!

특강6

왜?를 '6번' 질문하라 -
기획의 출발

왜?를 '6번' 질문하라 - 기획의 출발

6-1. 홍수의 역설 : 홍수가 나면 식수가 없다

세계 각국의 언론들이 하루에 쏟아내는 정보의 양은 얼마나 되는지 아나요? 소크라테스 시대부터 전화기 발명 시기까지 약 2,300년 동안 누적된 자료량과 맞먹는다고 합니다. 네이버와 다음 두 포털사이트에서는 하루 평균 약 6만 건의 기사를 독자에게 전달한다는데, 1년으로 따지면 약 2,000만 건이 쏟아집니다.

2020년 기준 국회에 등록된 언론사만 507곳이고 출입기자는 1,700명에 달한다고 하죠. 국회의원이 300명이니, 국회의원 1명당 5~6명의 기자가 달라붙어 경쟁적으로 뉴스를 만들어내고 있습니다.

속담에 "홍수가 나면 마실 물이 없다"는 말이 있지요. 홍수가 나서 물은 넘쳐 나는데 정작 주변은 흙탕물이고 마실 물이 없어 사람이 죽어 간다는 것이죠. 이른바 '홍수의 역설'입니다.

흙탕물로 뒤덮인 도시

요즘 TMI (Too Much Information)라는 말 많이 쓰잖아요. 10대들 말마따나 '안 물안궁'(안 물어봤고, 안 궁금하다) 한데도 언론들은 과잉 정보를 쏟아 붓습니다.(웃음) 노벨 경제학상 수상자인 허버트 사이먼 (Herbert A. Simon, 1916~2001)은 정보의 풍요가 오히려 '주목의 빈곤'을 초래한다고 진단합니다.

뉴스는 사방에 널려 있는 것 같아도 보도국 데스크들은 아침이면 기자들에게 '따끈따끈한' 뉴스 없냐고 다그칩니다. 뉴스 원고를 전자레인지에 넣었다 갖다 줄 수도 없고 ….(웃음)

19세기 중반 기자생활을 했던 미국 소설가 마크 트웨인은 자서전에서 '당시 기자들은 하루종일 기삿거리를 찾아 헤매다가 화재사건이 없으면 직접 화재를 일으키기 까지 했다'고 말하고 있죠.

방송기자나 PD는 뉴스와 프로그램을 제작하기 전에 담당 데스크 (부장)에게 기획안을 제출합니다. 기획안도 제출하지 않고, 별 아이디어도 내지 않는다면 어떻게 될까요? 조직은 그 꼴 못 봅니다.(웃음)

소위 "총 맞았다"고 하죠. 부장이 시키는, 원치 않는 아이템을 취재해야 합니다. 기획안의 목적은 '채택'입니다. 채택이 돼야 취재에 들어갈 수 있기 때문입니다. 기획안이 채택되고 싶으면 부장의 취향을 저격해야 합니다.

- Tip 기획안 작성

① 제목은 '딱' 눈에 들어와야 한다.　② 소재는 '흥미'로워야 한다.

③ 내용은 '미시적'으로 쓰자.　④ 메시지는 '명확'하자.

'기획안 작성'의 팁인데, 참고하고요. 기획안이 채택되고 취재가 끝났다고, 모두 저녁 메인뉴스에 나가지는 않아요. 메인뉴스에서 자신의 리포트가 방송 타는 것도 간단치 않아요. 종일 고생하며 취재하고 기사를 썼어도 대여섯 차례 편집회의를 거치면서, 큐시트에서 사라지는 경우가 다반사입니다. 마지막까지 큐시트에 잡혀 있어도 갑자기 새로운 속보가 들어오면 아침시간대로 밀려납니다. 심지어 아침뉴스에도 밀리게 되면, 슬프지만 미(未)방송 창고로 넘어 갑니다. '허벌나게' 취재하고 제작한 뉴스가 여러분 말로 순삭(순간삭제)되는 겁니다.(웃음)

6-2. 뉴스장사? : 따끈 따끈한 뉴스 팝니다!!

모든 콘텐츠는 기획과 콘셉에서 승부가 결정납니다.

오늘은 '순삭'되지 않는 '좋은 기획'이란 어떤 것이지, 기획의 출발과 키포인트는 무엇인지 사례를 통해 알아볼까요.

"뉴스가 뉴스를 덮는다"는 유명한 말이 있는데요. 같은 언론사 보도국 안에서도 뉴스는 뉴스끼리 경쟁합니다. 부장들이 요구하는 '따끈따끈한' 뉴스라는 건 충격적인 사건 사고를 말하죠. 엽기적인 살인범의 뉴스는 부장님이 좋아하는 뉴스 품목들입니다.(웃음)

한 방송 뉴스에서 범죄자의 얼굴을 모아놓고 '뻔뻔부터 발악까지' (PPT)란 제목으로 보도한 적이 있습니다. 화면으로 눈길이 확 쏠리죠. 범죄자들의 현장검증 뉴스를 보면, '태연하게' '인면수심' '악마의 얼굴' 등 주관적이고 단정적 수식어가 의례 따라붙는데요. 현장검증에서 무표정하게 서있어도 태연하고 뻔뻔하다고, 뉘우치는 기미가 없다고 기자들은 야단칩니다.(웃음)

소설가 알랭드 보통은 『뉴스의 시대』에서 '언론은 어두움과 잔인함에만 초점을 맞출 뿐 희망에는 거의 주목하지 않는다'고 토로합니다. 뉴스는 겁먹고 괴로워하고 분노하는 대중을 간절히 필요로 한다는 것이죠. 보통의 말처럼 자극적이고 잔인해야 소위 '뉴스장사'가 되는 시대입니다.

"5천만 국민들이 매일 밤 누구를 죽이거나 때리지 않고 잠자리에 들다."
"남편을 죽이려던 계획을 단념하다."
이렇듯 평온하고 덤덤한 이야기는 아예 뉴스거리가 되지 않는다고 말하는데요. 그의 말처럼 전국에서 단 1건의 살인사건도 또 교통 사망사고도 없이 하룻밤이 지나간다면, 오히려 기막힌 '빅뉴스' 아닐까

요?(웃음)

훗날 지켜보고 있다가 아무 사건 사고가 없는 날, '기막힌 어떤 하루!'라는 제목으로 기획해 보세요. 아마 대특종일겁니다.(웃음) 사건 사고가 있는 날은 기자에겐 오히려 쉬워요. 그날 벌어진 사건 사고를 스트레이트 뉴스라고 하는데요. 현장에 출동해서 6하원칙에 따라 펙트를 잘 취재하면 됩니다. 기자들 사이에서 하는 말로 '둘둘' 잘 말아오면 됩니다. 하지만 큰 사건 큰 사고가 없는 날이 의외로 많지요.

특히 주말의 경우, 각 부장마다 시청자들의 눈길을 사로잡는 기획 뉴스를 가져오라고 기자들을 쫍니다. 갑자기 기획이나 아이디어가 나올 리가 있나요. 특파원들의 경우 주말마다 국제부로부터 기획뉴스를 독촉 받는데, 아무 거라도 기획해서 서울로 올려보내야 스트레스 안 받고 주말을 편히 쉽니다.

6-3. 에펠탑 취재기 : 궁금과 질문에서 기획이 나오다

<ANC>
프랑스 하면 에펠탑이 떠오르시죠?

세계에서 가장 많은 방문객이 다녀간 만큼, 관광수입도 엄청납니다.

이 탑 하나로 얻는 연매출이 우리 돈으로 1,400억 원을 훨씬 넘는다고 합니다.
정관웅 특파원입니다

파리의 에펠탑 가봤죠? 인생에 한 번쯤 들러야 할 곳 같은 로망이자 상징물이죠. 자랑질 좀 하자면, 나는 특파원시절 사시사철 매일 봤어요.(웃음)

에펠탑 주변은 낮이고 밤이고 늘 관광객들로 붐비는데요. 특파원시절, 불현듯 에펠탑을 찾는 관광객들은 어느 정도인지 또 파리시가 관광수입으로 얼마나 벌어들이는지 궁금하더라고요. 누구나 돈 얘기하면 일단 귀가 쫑긋 하잖아요.

사전 취재를 해봤더니, 에펠탑의 유료 입장객만 매년 7백만 명이고, 단일 건축물로는 방문객수가 세계에서 가장 많더라고요. 연매출이 1,400억 원이 넘더라고요. 2011년 당시 '복덩이 에펠탑'이란 제목으로 방송이 나갔었죠.

'에펠탑은 비단 첨단 기술제품이 아니더라도, 건축물 하나가 후손들에게 경제적 유산을 물려줄 수 있음을 시사하고 있습니다.'
파리에서 MBC뉴스 정관용입니다.

뉴스의 클로징 멘트인데요. 취재하면서 한국인의 입장에서 무슨 메시지를 던져야 좋을지 고민하다 '경제적 유산'이란 워딩이 생각났지요. 기자는 시청자들에게 자신의 보도가 마치 대단한 뉴스를 전하는 거 같은 느낌을 줘야 됩니다.(웃음)

재미있는 소재와 구성으로 시청자를 유혹하되, 리포트에 걸맞는 메시지를 잊지 마세요. 그동안 특파원들의 뉴스를 검색해 봤더니 에펠탑에 관한 뉴스는 한 번도 방송한 적이 없더라고요. 늘 관광객이 북적이는 주변 풍경의 하나로 보였기 때문이겠죠. 나 역시 마찬가지였지요.

〈복덩이 에펠탑〉의 기획이란 것도 주말뉴스 하나 만들어달라는 국제부의 압박에 떠오른 기획이었죠. 특별한 사건 사고 뉴스가 없거나 기획이 떠오르지 않는 날은 주변과 일상을 둘러보세요.

'에펠탑을 찾는 관광객은 어느 정도일까?'
'경제적 효과는 어느 정도일까?'
'우리에겐 에펠탑 같은 상징물이 왜 없을까?'

이런 자문을 던지다 보면 기획 아이디어가 떠오릅니다. 궁금증이 없다면 질문도 없습니다. 그리고 사전 취재를 해보면 '기획의 견적'이 나옵니다. 에펠탑을 찾는 관광객수와 관광수입이 많다는 것은 다들 짐작하겠죠. 하지만 구체적인 수치를 제시해야 시청자들은 납득하고 공감합니다. 구체성의 확보에서 '후손들에게는 경제적 유산'이라는 리포트의 메시지도 나올 수 있었죠.

6-4. 축의금은 얼마? : 나의 남모를 고민은 … 남들도 고민한다

몇 년 동안 얼굴 한번 못 보던 친구가 결혼한다고 연락 오면 대략 난감이죠. 화가 나기도 하고 욕도 나옵니다.(웃음)

중앙일보에 실린 〈청춘리포트〉란 기획뉴스인데요. 기사에 보면 교수님의 자녀가 결혼하면 얼마를 해야 될지 고민한다는 내용도 있어요. 자녀 결혼식도 학생들에게 공지하나요? 나도 여러분에게 꼭 알려

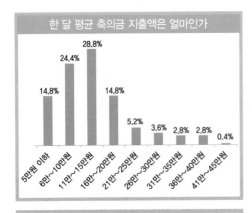

한 달 평균 축의금 지출액은 얼마인가

- 5만원 이하: 14.8%
- 6만~10만원: 24.4%
- 11만~15만원: 28.8%
- 16만~20만원: 14.8%
- 21만~25만원: 5.2%
- 26만~30만원: 3.6%
- 31만~35만원: 2.8%
- 36만~40만원: 2.8%
- 41만~45만원: 0.4%

{젊어진 수요일} 청춘리포트
2030 축의금 얼마 내나 … 중앙

20~30대 청춘들에게 결혼식 축의금은 말 못할 고민이다.

사내 커플의 경우 청첩장을 받았을 때 축의금을 양쪽에 다 해야 하는 건지,

교수님의 자녀가 결혼할 때는 얼마나 해야하는지 무엇 하나 확실한 게 없기 때문이다.

드리도록 하겠습니다.(웃음)

이런 기사는 참 재밌고 유익하다고 봐요. 청첩장을 받을 때마다 짜증도 나고 고민되는 부분이거든요. 보통 친구나 동료 결혼식 청첩장을 받으면, 결혼식장에 갈 것인지 부터 축의금을 얼마나 해야 할 것인지 까지 서로 묻는 경우가 많잖아요. 사내 커플일 경우 양쪽 모두에 봉투를 준비하자니 부담스럽고, 어느 한 쪽에만 하자니 섭섭해 할 것 같고, 고민스럽죠.

나에게 닥친 고민은 남들도 똑같이 고민한다는 겁니다. 나와 주변에서 느끼는 난감한 상황이나 고민들을 놓치지 마세요. 이런 고민들이 기획의 출발입니다. 뉴스란 사회가, 공동체가 함께 고민하는 것을 찾아내서 보도하는 것이죠.

6-5. 견공팔자 '극과 극' : 조합하고 가공해보자

"아침엔 잔디가 깔린 푸른 정원을 산책한다.

점심은 양고기로 배를 채운다.

저녁엔 호텔 방안에서 혼자만의 시간을 갖는다."

특급호텔에 투숙한 피서객의 얘기가 아니라 애견호텔(사진1)을 찾은 강아지의 하루 일과랍니다. 내버킷 리스트 중에 하나인데, 강아지만도 못한 신세입니다.(웃음)

농협경제지주 안성팜랜드 제공

"이런 기사는 이제 좀 그만보고 싶다. 개 기사 안 뜨는 날이 없네. 후~~"

"'평생 함께 할 반려자, 배우자'라는 말은 개와 고양이한테 줘 버렸는가?'

호강하는 애완견을 소개하는 기사에 딸린 댓글들인데요. '개만도 못한 세상'에 대한 한탄과 울분이 폭발합니다. 파리 상젤리제 거리를 걷다보면 사시사철 길바닥에서 주인과 함께 구걸하는 개들을 적잖이 목격하게 되는데요.

사진에서 보듯 주인과 똑같은 포즈로 엎드려서 구걸하는 모습(사진2)은 나도 처음 보지만요.(웃음) 호텔 속 애견과 길바닥 구걸하는 애견, 두 가지 풍경을 함께 보면서 퍼뜩 어떤 기획이 떠오르지 않나요?

'견공팔자 극과 극'도 괜찮고

'개들도 주인 잘 만나야'라는 제목으로 아주 재밌는 기획뉴스를 만들수 있지 않을까요?

신이 인간에게 두 개의 눈을 선물로 준 이유는 사안의 양면을 보라고 그랬다죠. 한쪽 눈은 주인 잘 만나 호텔에서 호강하는 강아지들을 보더라도 또 다른 눈은 주인 잘못 만난 개들의 슬픈 사연을 들여다보자고요.

'아이와 노인 그리고 동물' 요즘 콘텐츠의 흥행 요소 중 톱3라죠.

'애완견' 관련 프로그램은 하도 많이 소개돼서 별 흥미롭지가 않아요. '유기견' 관련 뉴스도 휴가철이면 쏟아지죠. 소비자들의 입맛은 까다롭고 쉽게 싫증을 냅니다. 이젠 콘셉과 구성에서 색다른 접근을 고민해야 하죠. 팔자가 다른 두 강아지의 사례를 조합하고 가공해서, '개세상'이 '인간세상'과 별반 다르지 않음을 보여준다면 아마 히트칠 겁니다.(웃음)

6-6. 삽질은 남자만 하나? : 왜? 왜? 6번 질문하라!

'치마 입은 두 여성이 함께 손잡고 걷는 모습'(사진1)의 신호등인데요. 스페인 마드리드 교외의 한 마을에 설치된 횡단보도의 보행자 신호등이라죠.

독일에선 '삽질은 남자만 하나?'(사진2)며 치마를 입고 땅을 파는 공사 안내판을 추진했다가 논란이 되기도 했다고 해요.(웃음)

오스트리아 빈에서는 이미 10년 전에 기저귀를 가는 지하철 및 화장실 안내판이 여성에서 남성으로 바뀌었다고(사진3) 합니다.

찬성: "표지판은 100마디 말보다 더한 영향력을 행사한다."
반대: "굳이 여성을 치마 입은 모습으로 표현하는 것이 오히려 성차별
이다."

서울시에서도 신호 표시판을 양성평등에 맞게 치마 입은 여성 그림도 함께 표시하자고 제안했다가 '뜬금없다'는 반발에 부딪힌 바 있습니다.

여성화장실에만 있는 기저귀 교환대 표지판이 논란이 된 적도 있는데요. 오직 여성만이 기저귀 교환을 해야만 한다는 발상이라는 거죠. 예전 아버지 세대는 '기저귀 한 번 안 갈아줬어도 아이들이 다 컸더라'고 말하죠. 요즘 이렇게 말했다간 '연못남'(연애 한번도 못해 본 남자) 신세가 될지도 모릅니다.(웃음)

여러분은 성평등 표지판에 어떤 생각을 갖고 있나요? 아무 생각 없

나요?(웃음)

나 역시 당연시하며 무심하게 살아왔어요. 한편으로 표지판을 다 갈아엎는다면 또 얼마나 많은 예산낭비일까 부정적인 입장이기도 하죠.

다만 본인이 어떤 사안에 대해 찬성을 하든 반대 입장이든 상관없이 언론 지망생인 만큼 늘 의심과 의문을 가져야 된다는 것이죠. 우리 사회 표지판과 비상구 표시는 왜 모두가 남성인지, 기저귀교환대 표시는 유독 여성으로 한정되어 있는지 의문을 갖자는 겁니다. 너무나 당연한 세상에 한 번쯤 의문을 던져보자고요. 기자는 의심하고 질문하는 직업입니다. '답정녀'(답이 정해진 사람)가 아니라 질문자입니다.

삼성의 고(故)이병철 회장은 '어떤 일이든, 6번 '왜'라며 질문을 던지라'고 했다죠. 7번도 아니고 굳이 6번인지는 나도 몰라요(웃음)

세상사는 6번 정도 집요하게 캐물어야 답이 나온다는 이치를 이 회장은 터득한 것 아닐까 짐작해 봅니다.

6-7. 쌍꺼풀 푸는 남자들 : '몰라도 될 권리'도 있다

한 종편방송에서 보도한 기획뉴스인데요.

'쌍꺼풀 푸는 남자들'이란 제목의 기사를 보면, 요즘 상종가를 치는 연예인들이 외꺼풀 스타라며 젊은 남성들이 쌍꺼풀 푸는 수술을 받는 게 트랜드라고 소개합니다. 성형외과와 담당의사의 이름을 자막으로 아주 친절하게 보여줍니다. 기사에 따르면 병원에 남성들이 북적인다고 하는데, 같이 펙트 체크해 볼까요.?

김수현, 박보검 등 외꺼풀 스타들이 뜨면서 병원도 북적입니다.
진한 눈매를 갖기 위해 쌍꺼풀 수술을 하던 남성들이 이제 멀쩡한 쌍꺼풀마저 없애려고 성형외과를 찾습니다.

'쌍꺼풀 푸는 남자들'

리포트 동영상 화면을 자세히 보면 알 수 있듯, 성형외과 로비에는 여자들이 더 많아요.(웃음) 정말로 쌍꺼풀 푸는 것이 남성들의 트렌드인지, 기사를 만들기 위해 일반화시키는 건지 심히 의심스러워요.

"작고 가는 눈매를 갖기 위한 또 다른 외모 경쟁이 시작됐습니다."

기사의 클로징 멘트인데요. 외모 경쟁이 시작됐다며 마치 20대 남성들에게 쌍꺼풀 푸는 수술을 받으라고 부추기는 느낌이죠. 스타들을 내세워 화면에 눈길을 끄는 데는 성공한지는 몰라도, 왜 이런 뉴스가 나가야 하는지 알 수가 없어요. 누가 쌍꺼풀을 풀든 말든, 안물안궁(안 물어보고 안 궁금하다) 아닌가요?

무엇을 위한 또 누구를 위한 뉴스인지 알 수가 없어요. 아마 성형외과 측으로부터 보도자료를 받고 기획 취재한 것으로 보이는데, 결국 병원 측만 선전해 준 셈입니다. 이런 기획은 안해도 됩니다. 누가 하라고 시켜도 하지 마세요. 제발~~(웃음) 이런 뉴스는 시청자의 '알 권리'가 아니라 오히려 '몰라야 될 권리'의 뉴스인 거죠.

대한민국에는 '호모나이트쿠스'(homo nightcus)라는 신인류가 등장
했다죠. 밤과 낮의 경계는 사라지고, 밤을 낮처럼 살아가는 인간을 말
합니다. 편의점 · 찜질방 · PC방 그리고 음식점과 주유소 등 도심은
24시간 눈부신 빛을 쏟아냅니다.

"누군가에게는 놀고 소비할 수 있는 깜깜한 밤이 또 다른 누군가에게
는 근무의 연장이 됐다."

〈호모나이트쿠스, 밤을 잊은 그대에게〉란 제목으로 조선일보가 기
획한 기사 중 한 부분인데요. '아 이런 측면도 있겠구나' 무심코 지나
치던 일상을 새삼 일깨우더라고요. 누군가에게 신나는 밤이 존재하려
면, 누군가에겐 고단한 밤이 있어야 된다는 점을 말이죠.

찰리 채플린은 "삶은 가까이서 보면 비극이요, 멀리서 보면 희극
이다"라는 유명한 경구를 남겼죠. 콘텐츠 생산도 표면만 보지 말고 이
면의 세계를 들여다봐야 합니다. 때론 멀리서 때론 아주 가까이서, 희

극과 비극을 함께 관찰해 보세요. 일회성 소비용 콘텐츠가 아니라 한 번쯤 생각하게 만드는 기획을 해보자고요. 누군가를 일깨우고 생각하게 만드는 기획과 콘텐츠!! 기획이 어려워서 그렇지, 흥분되지 않나요.

6-9. '십자가 사건'을 보는 두 시선 : 단신거리인가.. 특집기사인가?

학창시절 서클모임에서 김우창 고려대 교수를 초청해 강연을 들은 적이 있습니다. 당시 그가 얘기한 한 대목이 지금도 기억에 남는데요. 2천년 전, 예수의 십자가 사건에 대해 당시 로마 역사가는 "이스라엘 한 마을에서 작은 소란이 일어났다." 이렇게 한 줄로 기록했다고 해요. 로마제국의 입장에서 보면 변방의 복속국에서 일어난 흔하고 작은 소란에 불과한 사건인 거죠. 요즘 언론으로 비유하면 십자가 사건은 1줄짜리 '단신기사'인 셈이죠.

반면 신약성경의 4복음서는 '기획 특집기사'인 셈입니다. 이 특집기사가 세계 역사의 흐름을 바꾼 것이죠. 복음서의 기자들은 예수를 완전 밀착해 취재한 기자들이죠. 3년 동안 예수의 행적을 좇으면서 때로 메시아에 대해 의심도 하고, 수많은 질문도 던졌습니다. 로마 통치자의 눈으로 볼 것인가. 메시아를 갈망하는 민중의 눈으로 보느냐에 따라 기자의 취재 방식과 기사 작성 방법도 달라진다는 얘기입니다.

비행기에서 내려다보는 세상은 고요하고 평화롭습니다. 땅 위에선 아우성과 비명으로 가득차고, 고단한 하루하루를 이어갑니다. 같은 지상에 살아도 럭셔리한 '벤틀리'를 몰고 다니는 사람과 지옥철을 타는 사람들이 세상을 바라보는 시선은 전혀 딴판입니다.

한때 기자들도 정치인, 기업인들과 어울리면서 고급진 음식과 술에 물든 시절도 있었습니다. 거기서 귀동냥으로 주워들은 한 마디가 대단한 정보인 양 으스대곤 했었죠. 제일 민심을 모르고, 선거 결과를 못 맞추는 사람이 정치부 기자라고 합니다. 높은 사람들의 입과 그들이 가리키는 손가락만 바라봤지, 낮은 곳에서 울부짖는 목소리는 들으려고 하지 않기 때문이겠죠.

저널리스트는 기득권이 지배하는 상식과 구조에 반기를 들어야 하는 직업입니다. 두 발이 딛고 있는 곳이 어디냐에 따라, 시선이 어디로 향해 있냐에 따라 기사의 메시지와 파괴력은 전혀 다르게 나타나죠. 누구에겐 한낱 단신기사가 누구에겐 세상을 바꾸는 기획기사나 다큐로 탄생하기도 합니다.

"로봇이 흉내 낼 수 없는 영역 … 기획과 콘셉"
앞으로 정작 뉴스와 기자의 위기는 '로봇기자'에서 나오는 것 아닐까요. 스포츠 경기가 끝나면 1초 만에 기사가 자동 생산된다죠. 미국에선 로봇기자가 지진을 감지해서 기사 송고까지 0.3초 걸린답니다. 국내에서도 증권·스포츠 분야에서 축구기자 '사커봇'과 증권기자 'R1'이 활약하고 있습니다. 인공지능(AI)이 쓰는 기사의 가장 큰 특징이 무엇인지 아세요? 오탈자가 없다는 것이라네요.(웃음)

AP통신은 "로봇의 도입 취지가 오히려 기자들이 잡무에서 벗어나 더욱 의미있고 재밌는 기사를 쓰라는 뜻"이라고 말했는데요. 즉, 로봇기자가 쓸 수 없는 기사를 쓰라는 이야기입니다. 아직까지 로봇이 흉내낼 수 없는 영역은 기획과 콘셉일 겁니다. 자신의 아이디어와 열정으로 발굴한 기사죠.

기획뉴스의 제1의 요건은 '새로움'입니다. '최고의 기사'란 존재하지 않습니다. 최고란 표현은 상대적이기 때문이죠. 오직 세상에 단 하나 밖에 없는 '최초의 기사'를 찾아 써야 합니다. 소재가 비슷하다면 시각과 관점에서 참신함을 확보해야 합니다.

두 번째는 '의미'인데요. 뉴스 가치가 있어야 뉴스가 방송되는 이유를 시청자들이 납득할 수 있습니다.

마지막으로 '재미'를 놓치면 안됩니다. 볼 만해야 한다는 거죠. 아무리 새롭고 의미가 있어도 시청자가 외면한다면 무슨 소용있겠어요. 최소한 누군가의 기억에 남아 있어야 성공한 기획일 겁니다.

여러분들은 앞으로 AI와 로봇들의 기사와 본격적으로 싸워야 합니다. 로봇과 경쟁하지 않고 기자생활을 마쳤다는 것이 얼마나 천만다행인지 모르겠어요.(웃음)

다음 주에 봐요 제발~!!

글빨의 힘

7-1. '중세 유렵은 칼로 싸우고 조선은 글로 싸웠다'

지난 봄 코로나19로 축구장에서 치러진 공기업 채용시험은 마치 '현대판 과거시험의 재현'이라 해서 화제가 된 바 있습니다.

조선시대 문과 과거시험의 응시자는 평균 63,000명이었는데, 최종 합격자는 33명이라니, 대략 2,000대 1의 경쟁률인 셈입니다. 마지막 과거시험은 1894년에 실시됐다는데, 15명을 뽑는 시험에 무려 15만 명이 응시했다죠. 옛날 과거시험도 청년인재 등용문이었죠. 젊은이들은 산 넘고 물 건너 시험장으로 향했어요. 요즘 젊은이들만 박 터지는 경쟁 속에 사는 게 아니에요.(웃음)

실학자 박제가는 "지금 국가에서는 시속(時俗)의 글 솜씨로 인재를 뽑고 있다. 각종 이권과 녹봉이 이것에 달렸고, 성공과 명예가 이것으로부터 나온다"며 과거제도를 비판하기도 했습니다.

과거시험 문제

- 관리들을 좀 더 빡세게 굴릴 수 있는 방법은?
- 국가의 법이 엄중하고 정밀하지 않는 것이 아닌데도, 범법자가 줄어들지 않는 까닭은?
- 혼인하는 예가 문란해짐을 막을 방법은 무엇인가?
- 요즘 최신 유행하는 음악에 대해 논하라

과거시험에 나왔던 문제 중에서 골라 봤는데요. 문제가 참 시사적이고 실용적이에요. "관리들을 좀 더 빡세게 굴릴 수 있는 방법을 논하라"는 문제가 나온 걸 보면, 그때나 지금이나 공무원들의 복지부동과 무사안일은 변하지 않는 모양입니다.(웃음)

세조 3년에 출제된 "최신 유행하는 음악에 대해 논하라"는 문항이 있는데요. 그 당시 최신 유행하는 음악이 무엇이었는지, 출제 의도가 무엇인지 무척 궁금해요. 인터넷에서 찾아봤는데 안 나왔더라고요. 다만 세조의 음악에 대한 조예와 관심이 남달랐다고 하는데, 그것이 최신 유행하는 음악에 대한 문제를 출제한 배경이 아닌가 생각이 들어요.

조선시대 과거시험의 문제를 보면 세상의 상식과 트렌드를 알아야 풀 수 있음을 보여주고 있습니다. 또한 이를 풀어내는 '글 솜씨' 요즘 말로 '글빨'이 있어야 벼슬길에 오를 수 있다는 것이죠.

조선 사관들은 요즘으로 치면 기자인 셈입니다, 사관들은 기록에 목숨을 걸었죠. 역대 왕들은 귀찮게 따라붙어 일거수일투족을 기록하는 사관들이 달가울 리가 없었을 겁니다. 태종 시절 사관 민인생의 일화는 유명한데요. 경연장 병풍 뒤에 숨어서 왕의 얘기를 기록하는가 하면, 얼굴을 변장한 채 왕의 사냥터를 취재하기도 했다죠. 결국 태종은 스토커처럼 따라붙는 민인생을 귀양보냈습니다.

"이 날, 목 놓아 통곡하노라."
"저 돼지와 개만도 못한 소위 우리 정부의 대신이란 자들이 영달과 이익만을 바라고 위협에 겁먹어 머뭇대거나 두려움에 떨며 나라를 팔아먹는 도적이 되기를 감수했다."
- 1905년 11월 20일자 〈황성신문〉

그 유명한 위암 장지연 선생의 '시일야방성대곡'(是日也放聲大哭)입니다. 이 사설로 〈황성신문〉은 무기한 정간됐고, 선생은 옥살이를 치루어야 했죠. 나는 명문장에 대한 감탄보다도 '엄혹한 시절에 저리도 겁도 없고 머뭇거림도 없는 글이 나올 수 있나' 그 기개와 배짱에 놀라울 따름입니다. 목숨을 걸고 쓴 글이기에 울림은 컸고, 시대를 넘어 우리 모두가 기억하고 있을 겁니다.

"남을 아프게 하지도 가렵게 하지도 못하고 구절마다 범범하고 데면데면해서 우유부단하기만 하다면 이런 글을 대체 어디에 쓰겠는가."
연암 박지원은 이렇게 일갈한 바 있는데, 장지연의 글에는 꼿꼿한 선비정신이 고스란히 담겨있는 것이죠. 우리나라 최초의 소설 『홍길

동전』을 쓴 허균도 400년 전에 "어렵고 교묘한 말로 꾸민 글이 최고의 경지라고 생각하는 사람이 있지만. 그것이야말로 '문장의 재앙'이다"라고 일갈한 바 있습니다. 이들의 추상같은 지적은 '중세 유럽은 칼로 싸우고 조선은 글로 싸웠다'는 말이 결코 빈말이 아님을 상기시킵니다. 예나 지금이나 글빨의 위력은 여전합니다.

오늘은 글 한 줄의 파괴력은 어느 정도인지, 글쓰기의 핵심 포인트는 무엇인지, 또 글에서 키워드 발굴이 얼마나 중요한지, 공부해 보도록 하겠습니다.

7-2. 시대를 바꾼 사람에겐 '한 줄'이 있다

"바보야! 문제는 경제야"(It's the economy, stupid!)

클린턴의 유명한 슬로건은 선거 때마다 국내 정치인들도 카피하고 있습니다. 이 슬로건에서 핵심은 바보야(stupid!)일 겁니다. 만약 클린턴이 "바보야!"(stupid!)를 빼고 "문제는 경제야" 만 외쳤다면 과연 이

만큼 파급력 있는 어록이 됐을까요?(웃음) 글에서 임펙트 있는 한 단어, 한 마디가 얼마나 중요한지 새삼 느끼게 됩니다.

"이봐 해봤어?"

"마누라와 자식 빼고 다 바꿔라"

국내 경영인 어록 가운데 가장 기억에 남고 영향력 있는 어록 1, 2위에 뽑혔다죠.

고(故)정주영 회장의 "이봐 해봤어?"는 현대 중공업 광고에도 등장했었는데요. 왕회장은 주변에서 우려와 반대가 나오면, 이 한 마디로 제압했다죠. 지금은 현대그룹과 현대맨들의 저돌적인 도전정신을 보여주는 상징어가 됐습니다.

"마누라와 자식빼고 다 바꿔라"는 이제는 고인이 된 이건희 삼성그룹회장이 1993년 '프랑크푸르트 선언'에서 나왔던 말이죠. 바로 이 선언으로 그저 그런 전자업체였던 삼성을 오늘날 세계 최고의 혁신 기술기업으로 만들었다는 평가가 나오고 있습니다. 물론 부인과 자식부터 제발 바꾸고 싶은 남자들도 많겠지만요.(웃음)

2017년 대선을 앞두고 경향신문은 커버스토리로 '시대를 바꾼 사람에겐 시대정신을 녹여낸 '한 줄이 있었다'라는 제목의 기사를 실었습니다. 잘 만든 선거 슬로건 한 줄은 권력을 만들기도 하고, 성공한 슬로건은 계속 반복된다고 기사는 전합니다.

이렇듯 글 한 줄, 말 한 마디가 조직을 변화시키기도 하고 세상을 바꾸기도 합니다. 물론 우리가 글을 쓰거나 연설을 할 때, 한 마디만 하진 않겠지만요.(웃음)

사람들은 그 중에서 '단 한 줄, 단 한 마디'만을 기억합니다. 인상적이고 임펙트 있는 한 마디가 없다면, 누가 한 말인지, 누가 쓴 글인지 또 글의 존재조차 기억 못한다는 사실입니다.

7-3. "난 전쟁이 싫어요. 세상은 우리에 대해 잊어버렸어요"
"전쟁 중, 잠 잘 때가 가장 행복해요!"

2016년 시리아에 사는 7살 바나 알라베드라는 어린이가 고향이자 내전 격전지인 알레포의 상황을 매일 실시간으로 트위터에 올린 글들입니다. 두 달 사이 바나의 트위터 계정엔 20만 명이 넘는 팔로워가 생겼다죠.

미국 워싱턴 포스트지는 바나의 글들이 '안네의 일기'를 연상시킨다며, '제2의 안네 프랑크'라고 전했습니다. 미국 시사주간지 〈타임〉은 '2017년 인터넷에서 가장 영향력 있는 인물 25인' 중 한 명

바나 알라베드 알레포 SNS 소녀
좋은 아침, 여기 알레포야. 우린 아직 살아 있어.

으로 바나 알라베드를 선정하기도 했습니다. 7살 어린 소녀의 글 한 줄, 한 줄이 그 어떤 전쟁 기사보다 전쟁의 참상을 생생하고 아프게 전달하고 있기 때문일 겁니다. 수식없는 글이 얼마나 울림이 큰지 보여주고 있어요.

7-4. "그래서 한마디로 결론이 뭐죠?" : 간명이 생명이다

이제 글을 읽는 것도 대단한 인내심이 필요한 세상입니다. 말 많은 사람이 짜증나듯이, 글도 길면 이유 없이 화가 납니다.(웃음)

대한민국 네티즌은 '언어 압축'에 관한 한, 세계 최고 아닌가 싶어요. 간결한 언어능력에 관한 한 우리는 DNA를 타고 난 듯이 보입니다.

'올인빌(All in village)'이란 말은 지금 같은 코로나 시대에 준수해야 할 행동지침으로 집 주변에서 모든 것을 해결한다는 신조어라죠. 이제 이모티콘은 어느 단어나 문장보다도 많이 사용하는 '신문자'입니다. 재밌는 문자를 받으면 'ㅋㅋ', 어색한 답글이 오면 'ㅠㅠ', 말하고 싶지 않을 때나 상사와의 문자를 빨리 마무리 하고 싶을 때는 'ㅎㅎ/ㅇㅇ/ㅠㅠ'를 보낸다죠.(웃음)

이모티콘 사용에 대해 비난의 목소리도 높지만, 세종대왕도 한글이란 '신문자'를 만들 때 최만리는 "명나라가 노한다"며 얼마나 반대했습니까!

지금은 나이 든 세대들도 '신문자' 애용자들입니다. 이모티콘 하나로 표현하기 어려운 메시지를 소화해낼 뿐 아니라 때론 어떤 글보다 전달력이 강하죠. 이런 '신문자'를 누가 창제했을까, 세종대왕도 놀라고 있을 겁니다.(웃음)

서점을 가면 '한 줄' '한 마디' '한 방'을 주제로 다룬 책들이 많더라고요. 그만큼 요즘 트렌드가 '긴' 설명이나 주장을 기피하기 때문이겠죠. 헐리우드에서는 "영화를 홍보할 때는 한 줄로 할 것!" "한 줄로 표현할 수 없는 영화는 히트칠 수 없다"는 철칙이 있다고 합니다.

"단순함은 복잡함보다 어렵다. (Simple can be harder than complex)
생각을 명쾌하게 해 단순하게 만들려면 굉장히 노력해야 한다."

- 스티브 잡스 -

스티브 잡스는 생전에 장황한 보고서가 올라오면, "그래서, 한 마디로 결론이 뭐죠?"라고 대놓고 힐난했다죠.

기사를 쓰다 보면 짧게 압축한다는 것이 장황하게 늘어놓는 것보다 훨씬 어렵다는 사실을 느끼게 됩니다. 글의 생명은 간명입니다. 그래서 글 쓰는 방법 중에 KISS(Keep it short and simple) 원칙이란 것이 있는 것이죠.

모든 것이 무너져 내렸습니다.

수천명이 목숨을 잃었습니다.

　　수만명은 터전을 잃었습니다.

　2015년 네팔의 수도 카트만두 대지진 때, 한겨레 동영상 〈19今뉴스〉에 소개된 글입니다. 단문이 훨씬 강렬하고 강력한 전달력을 발휘함을 보여줍니다.

　방송 뉴스 기사는 신문과 달리 주로 단문으로 이루어집니다. 방송기자들은 사운드바이트(sound bite), 즉 인터뷰나 동시현장음도 딱 한 문장으로 매듭이 지어지는 것을 좋아하죠. 마침표가 없는 인터뷰를 제일 미워합니다.(웃음)

　요즘 정당의 대변인들의 성명을 보면 뉴스에서 편집하기 좋게끔 통상 10초 내외의 짧은 문장을 구사합니다. 방송기자 출신들이 대변인으로 많이 발탁되는 이유이기도 하죠.

7-5. 할아버지에게 휴식을 … : 3억의 기부를 불러온 '키워드'

미국 시카고에 사는 89세의 할아버지가 은퇴 후에도 매일 냉동 리어카를 힘겹게 몰고 다니며 아이스바를 팔고 있다는 해외 뉴스가 보도됐는데요.

누군가 페이스북에 "피덴치오 할아버지에게 휴식을 … "(relief for Fidencio)라는 제목과 함께 할아버지의 사진을 올려 기부캠페인을 시작했는데, 4일 만에 무려 3억5천만 원을 모금했다고 하죠. '할아버지에게 휴식을'이라는 제목과 사연이 미국인들의 감성을 움직였을 겁니다. 고개를 푹 숙인 채 땅만 보고 걷는 할아버지의 사진을 보노라면 안쓰러운 감정이 절로 생깁니다. 국내 한 방송 뉴스의 제목은 "하루라도 쉬세요." … 사진 한 장의 기적으로 뽑았지요.

• 우리가 노인이 될 때 할아버지처럼 아이스크림을 팔고 살아야 합니까?
• 할아버지가 앞을 보고 걸었으면 좋겠어요.
• '이제 그만' .. 할아버지를 쉬게 해 주세요.

지난 해 중간고사 때 같은 사진을 보여주고 '제목달기' 시험문제를 냈었는데요. 당시 학생들이 답한 제목 중에서 몇 개 뽑아 봤습니다.

첫 번째 제목, '우리도 할아버지처럼 아이스크림을 팔고 살아야 합니까?'는 기부를 권유하는 캠페인치고는 마치 지하철에서 강매하는 느낌이 나요.(웃음)

두 번째 제목, '할아버지가 앞을 보고 걸었으면 좋겠어요'는 사진을 본 사람들에게 있는 그대로 직설적으로 감정에 호소하고 있지요.

세 번째 학생의 답이 페이스북 원제에 가장 가까워요. 89세의 할아버지가 수레를 끄는 사연이 궁금해지고, '이제 그만' 쉬게 해달라고 감성에 호소하고 있지요.

글로 사람의 마음을 흔들고 싶다면, 주장하거나 직설적으로 호소하지 마세요. 비유적으로 표현하면 오히려 사람의 감성을 움직이는데 매우 효과적입니다. 그래서 '상징적인 키워드'를 발굴해 내는 것이 핵심입니다. 할아버지의 사진에서 키워드는 '휴식'(Relief/Rest)이라는 단어입니다. '할아버지에게 휴식을 … .' 이 표현 보다 3억 원 이상 모금할 수 있는 감성적이고 효과적인 키워드가 생각나나요?

7-6. 주목효과 그리고 모금효과 : 단어 하나가 8배의 차이를 가져 온다

유튜브에 소개된 한 영상입니다. 인도의 한 여성이 길거리에서 두 개의 다른 문구의 팻말을 차례로 들고 구걸하는 실험을 하고 있는데요.

하나는 '음식을 구할 돈이 필요하다'(I need money for food.) 이고 또 하나는 '화장할 돈이 필요하다'(I need money for make-up.)라는 팻말을 들었는데요. 사람들은 어느 문구에 더 관심을 갖고 기부를 했을까요?

'for food' 팻말의 경우, 길거리에서 3시간 동안 서있는 동안 단지 4명만이 동냥을 했는데, 'for make-up' 팻말에는 1시간동안 10명이 돈을 기부했다고 합니다. 단순 시간으로 따지면 약 8배의 모금 효과가 있는 셈입니다. 아무래도 배고프니 돈을 구걸하는 것보다는, 예뻐지고 싶다며 돈이 필요하다는 팻말이 눈길을 끌겠죠. 이를 '주목효과'라 하는데, 일단 주목을 끄는 데 성공한 겁니다. 주목을 해야, 돈을 줄지 말지도 결정하겠죠. 단어 하나가, 글 하나가 10배의 매출 차이를 만들어내는 겁니다. 이제 구걸하는 것도 고민하고 머리를 쥐어짜야 성공하는 세상이에요.(웃음)

7-7. '엄마가 싫어 하는 옷' : 날 것의 언어가 먹힌다

사람을 유혹하는 글 중에선 광고카피가 단연 최고일겁니다. 한 마스카라 화장품 광고 카피(사진1)는 자못 도발적입니다.

"270도 안에 남자는 다 쓰러진다"

180도와 360도가 아니고 왜

270도일까요? 여대생들을 대상으로 '가장 기억에 남는 마스카라 광고는 무엇이냐'는 설문조사에서 이 카피를 1위로 꼽았다죠. 아마 카피라이터는 여성일 것 같은데요. 여자들은 걸으면서도 평소에 주변 270도 안에 시선들을 의식하기에 그런 카피가 나온 건 아닐까요.(웃음) 여하튼 270도란 단어를 어떻게 생각해냈을까, 그 발상이 대단해 보입니다.

광고기획자, 김동욱은 『결국, 컨셉』에서 '아메리칸 어패럴'이 "엄마들이 싫어하는 옷"(사진2)이란 컨셉을 만들어 반항기 가득한 10대들의 마음을 사로잡았다고 말하고 있는데요. 엄마가 싫어하는 옷은 몸매를 부각하는 옷인데, 그럴수록 10대들은 더욱 애착을 갖는다는 것이죠. 엄마들은 대개 튀는 옷보디는 아주 칙한 옷을 강요합니다. 와이프도 모처럼 내가 마음에 드는 옷을 고르면 한사코 반대합니다. 젊은 애들이나 입는 옷이라고 …

나이든 기혼 남자들의 옷차림을 잘 보면 공통점이 있어요. 대개가 헐렁헐렁하고 색상은 칙칙합니다. 무엇보다 다른 여성들의 눈에 띄지 않아야 한다는 거죠.(웃음)

그래서 "아내가 싫어하는 옷"이란 카피로 중년 남성을 겨냥한 패션사업을 구상하고 있어요.(웃음)

카피라이터 스티브 해리슨은 "카피는 한 단어로 흥미를 끌 수 있어야 한다"고 말했는데요. "270도 안에 남자는 다 쓰러진다"나 "엄마가 싫어하는 옷" 두 카피는 무척 흥미를 유발시키죠. 때론 '도발적'이면서도 '날 것'(raw)의 언어들이 정제된 언어보다 훨씬 소비자들을 흥분시키는 마법을 부린다는 것을 보여 줍니다.

7-8. '꽃몸살'과 '지랄' : 낯선 조합 · 표현은 뇌리에 남는다

사진 1

그 여자의 꽃몸살은 애달프다

김훈의 수필집 『너는 어느 쪽이냐고 묻는 말들에 대하여』에서 '꽃몸살 나는 봄'이란 소제목의 글을 봤는데요.

신라시대 21살의 설요란 여승이 '꽃들 향기로워 마음 설레니, 아 어찌하랴 나의 젊음을' 이런 시를 남기고 환속을 했다고 합니다. 설요가 출가한 건 15살의 어린 소녀 시절이었죠. 여러분이 궁금할 거 같아서 인터넷에서 설요의 초상화(사진1)를 어렵게 찾아냈어요.(웃음) 나뭇잎이 굴러도 깔깔 웃음이 나오는 15살 소녀가 꽃망울이 터지는 봄날에, 6년 동안 절간에 갇혀 있었으니 얼마나 속이 뒤집혔을까요.

김훈은 "그 여자의 꽃몸살은 애달프다"며 "꽃몸살"이란 표현을 썼습니다. '꽃'과 '몸살'이란 '낯선 조합'이 세상 밖을 향한 소녀의 애절함을 더해줍니다.

지금 강의실 밖으로 뛰쳐나가고 싶은 여러분의 '단풍몸살'만큼이나 비슷하겠죠.

> "♬ 연분홍 봄볕에도 가슴이 시리더냐/
>
> 그리워 뒤척이던 밤 등불은 껐느냐/
>
> 누옥의 처마 풍경소리는 청보리밭 떠나고/
>
> 지천명 사내 무릎처로 강바람만 차더라/
>
> 봄은 오고 지랄이야 꽃비는 오고 지랄/…♪"

정태춘의 「섬진강 박시인」이라는 노랫말(사진2)입니다. 누구 말마따나 삐딱한 봄노래죠. 청춘과 지천명의 차이는 봄바람에 무릎이 어떻게 반응하느냐로 갈라진다고 시니컬하게 노래합니다. 나이 들어 무릎이 시리면, 초록빛의 봄날 풍광이고 뭐고 눈에 들어오지 않지요. 몸이 따르지 않으면 화사한 봄날이 오히려 화가 납니다.(웃음)

봄은 오고 지랄이야 꽃은 피고 지랄

가사 중에 "봄은 오고 지랄이야"란 표현이 노랫말 치곤 거칠고 낯설죠? 그래도 노래를 듣다 보면 너무 너무 재밌어서 미소를 머금게 되요. '지랄'이란 튀는 표현이 도무지 뇌리를 떠나지 않습니다.(웃음)

글을 쓸 때 한 번쯤은 낯선 조합이나 튀는 단어를 발굴해 보세요. 글 전체에 흥을 돋우기도 하고 긴장을 불러오기도 합니다. 단 남발은

금물입니다.

7-9. '대체 불가' : 다른 표현이 생각나요?

'앵두 같은 너의 입술!' 참 앙증맞은 표현이죠. 오글거린다고요? 라떼에는 연애편지 쓸 때 종종 등장하곤 했어요.(웃음) 누가 처음 "앵두 같은 입술"이라는 표현을 썼는지, 장본인을 찾고 싶어요. 혹시 앵두를 대체할 만한 다른 과일이 있나요? 자두! 토마토! 아니면 수박 같은 입술!(웃음)

"이불 밖은 위험해!"

이런 표현도 참 기막히죠? 세상이 끔찍한 사건 사고가 너무 많다보니 차라리 이불 속이 안전하다는 반전 유행어라죠. 사실 이불 속에 파묻혀 TV를 보며 뒹굴뒹굴 한다는 건, 말로 못할 행복이죠.

〈이불 밖은 위험해〉란 타이틀의 TV프로그램이 방송된 적도 있습니다.

뉴스에서도 '전국 한파특보, 서울 −18도 이불 밖은 위험해'라는 제목도 있고, '코로나19, 이불 밖은 위험해'라는 카드뉴스 제목도 나오더군요.(웃음)

참 이보다 더 재치와 위트가 넘치는 표현이 있을까요? 다른 적절한 표현들이 떠오르나요? 글을 쓸 때 '대체 불가'의 표현을 찾을 때까지 고민해 보자고요.

"미술에 대한 안목을 키우려면 그림을 사라"

미술평론가 유경희는 '힐링의 미술관'이란 칼럼란을 통해 그림에 대한 안목을 키우는 방법을 설명하면서 두 남자의 예를 들었습니다.

한 남자는 수년 전부터 문화센터와 CEO 모임은 물론 인터넷에서 미술사와 미학 강의를 듣는 한편, 미술관과 갤러리를 시간을 정해놓고 다닌다고 합니다. 다른 한 남자는 이제 막 미술이라는 것에 관심이 생겨, 아트페어와 옥션을 통해 그림을 사기 시작했다죠.

그러면서 "이 두 사람 중 누가 더 높은 안목을 갖게 되겠는가?"며 질문을 던집니다. 결론은 그림을 많이 보는 것도 중요하지만 그림을 직접 사봐야 한다는 것이죠. 돈이 개입되면 그림 보는 안목과 심미안은 괄목상대할 만큼 진화하고 그림에 대한 동물적 감각이 살아난다고 합니다.

글빨을 키우는 방법도 마찬가지라 생각해요. 책을 많이 읽는 것도 중요하겠지만 궁극적으로 '직접' 그리고 '많이' 써봐야 글 감각이 살아나고 글빨도 진화합니다. 기자출신이자 시인인 오정국은 저서 『미디어글쓰기』에서 "수영선수는 수영을 할 때 실력이 가장 많이 늘 듯 글은 글을 쓸 때 가장 많이 는다"고 말합니다.

"글은 머리로 쓰는 것이 아니라 엉덩이로 쓰는 것이다"

노무현 전(前)대통령이 한 얘기라죠. 청와대 연설 비서관이었던 강원국의 책 『대통령의 글쓰기』에서 소개하고 있는데, 글쓰기에선 시간과 노력, 즉 꾸준함을 투자해야 한다는 사실을 강조하고 있습니다. 결론은 그림 보는 안목을 키우기 위해선 돈을 아끼면 안되듯, 좋은 글을 쓰기 위해선 엉덩이를 너무 아끼면 안된다는 사실입니다.(웃음)

"문장력은 미래에 대한 최상의 투자다"

세상에는 3가지 부류가 있다죠.

① 글을 읽고 글을 쓰는 부류 ② 글을 읽지만 글을 쓰지 않는 부류 ③ 글을 쓰지도 않지만 글을 읽지도 않는 부류 …

③번째는 말로 모든 걸 지시하고 결제하는 재벌 회장급입니다.(웃음)

②번째는 중간간부에 해당할 겁니다. 여러분은 무조건 ①번째 단계로 글을 읽고 글을 써야 합니다. 이 단계를 거쳐야 ②와 ③으로 갈 수 있습니다.

하버드대를 졸업한 40대 중 1,600명을 대상으로 '현재 일에서 가장 중요한 능력이 무엇인가'를 물었답니다. 당연히 사교성, 리더십, 창의력 등이 포함됐죠. 하지만 응답자 90%가 꼽은 1순위는 바로 '글쓰기'라고 응답했답니다.

낸시 소머스 하버드대 교수는 '사회에 나가면 새로운 문제를 찾아

낼 수 있는 능력이 필요한 데, 이는 글쓰기에서 발현된다'고 주장합니다. 글을 쓰면 비로소 생각하게 되고, 생각이 아이디어를 만들 수 있다는 거죠.

작가 고가 후미다케는 『작가의 문장수업』에서 "문장력은 미래에 대한 최상의 투자다"라고 설파했습니다.

출세하고 싶나요?

조선시대뿐 아니라 21세기에도 글빨은 여전히 유효합니다. 머뭇머뭇하지 말고 지금, 한 손에 펜을 들어보자고요.

다음 주에 봐요 제발~!!

특강8

이상의 '러브레터'가 실패한 이유?

이상의 '러브레터'가 실패한 이유?

8-1. 연애의 tip! : 한 문장 · 한 주제

오늘은 아주 재밌는 얘기로 시작합니다. 가난한 청년이 들길을 걸어가는데, 한 요정이 나타났습니다. 요정은 청년에게 "소원이 있으면 딱 하나만 말해요" 했다는데요. 청년은 돈도 갖고 싶고, 여자도 필요하고, 결혼도 하고 싶었죠. 순간 아이디어가 뇌리에 스친 듯, "돈여자결혼" 하며 세 가지를 한 번에 아주 빨리 말했어요. 이 청년은 얼마 안가서, 정말 세 가지 소원을 이뤘는데요. 청년은 '돈여자'와 결혼을 했답니다.(웃음) 아직 웃지 않는 분들 있는데요. 집에 가서 곰곰이 생각해 뵈요.(웃음) 욕심은 이렇게 원치 않는 결과를 부른다는 거죠.

"그대는 청순한 외모, 높은 콧날, 앵두 같은 입술을 가졌습니다."

글쓰기 요령과 문장수업을 다룬 책을 보면 이런 문구가 등장하곤 하죠. 이 문장에 걸맞은 청순 발랄한 프로필을 인터넷 서핑 끝에 마침내 찾아냈어요.(웃음)

글을 보면 단어마다 수식어가 붙는데요, 되도록 수식어를 서술어로 바꿔줘 보세요.

'청순한 외모' -- '외모가 청순하다'
'오똑한 콧날' -- '콧날은 오똑하다'
'앵두같은 입술' -- '입술이 앵두같다'

훨씬 글의 흐름이 자연스럽습니다. 또 글을 보면 외모와 콧날 그리고 입술이 한 문장에 다 들어갔어요. 사실 외모에는 콧날과 입술이 다 포함되잖아요. 글쓰기에도 욕심부리지 마세요.

"콧날이 오똑도 하네요.
입술은 마치 앵두 같고요.
그대 모습은 참, 청순합니다."

이렇게 '한 문장에 한 주제'로 써주면, 콧날과 입술 하나하나가 살아나잖아요! 연애편지를 쓸 때 한 문장에 다 몰아넣지 말고 눈, 코, 입을 조목조목 예찬하세요. 연애에 성공할 가능성이 65%로 높아집니다.(웃음)

한 문장에 너무 많은 사실이 뭉뚱그려 들어가면, 앞부분은 잊어버립니다. 단문은 똑 부러지고 생생하게 인상에 남깁니다.

오늘은 연애편지를 통해 글쓰기 전략을 공부해 보려고 해요. 러브레터만큼 연인의 마음을 훔치려고 머리에 쥐가 나도록 정성을 기울이는 글도 없잖아요.(웃음) 편지는 글감각과 공감능력을 키우고 깨닫게 하는 최고의 글쓰기 연습입니다.

8-2. 괴테의 연애편지 : 관찰이 없으면 유혹의 글도 없다

괴테가 연인 마리아네 폰 빌레머에게 보낸 유명한 연애편지죠. 이때 괴테의 나이가 당시 66세였고 여인은 31살이랍니다. 은행나무라는 제목의 편지 밑

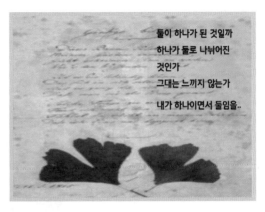

둘이 하나가 된 것일까
하나가 둘로 나뉘어진
것인가
그대는 느끼지 않는가
내가 하나이면서 둘임을..

에는 실제 은행잎을 붙였답니다. 노인네가 사춘기 소년처럼 … 정성도 지극입니다. 이 정도 정성을 들이니까. 35년 연하의 여인과 사랑을 나누겠죠.(웃음)

나도 소싯적에 편지에 은행잎을 붙여서 보낸 적이 있지만, 성공한 적이 없어요.(웃음) 은행잎만 정성들여 붙였지, 글빨은 유치찬란하기 그지없었던 모양입니다. '마리아네 폰 빌레머'를 사랑에 빠뜨린 것은 아마 괴테의 유혹의 글빨 때문이 아닐까 … 생각이 들어요.

"둘이 하나가 된 것일까 하나가 둘로 나뉘어진 것인가"

괴테는 은행잎을 통해, 너와 나는 둘인 듯 하나라는 심정을 절묘하게 전하고 있죠. 참, 괴테의 '관찰력'이 대단합니다. 은행잎을 보고서 저런 상상력과 글이 나오는지, 놀랍지 않나요. 디테일한 관찰력이 없었다면 유혹의 글은 나오지 않았을 거예요. 감동은 디테일에서 나온다고 하잖아요. 대문호의 글빨이 없었더라면, 나이를 초월한 괴테의 사랑도 없었을지도 모릅니다. 정말 부럽습니다.(웃음)

8-3. 실패한 '러브레터' : 감정을 쏟아 붓지 말라

1930년대 소설가 이상이 보낸 '러브레터'(PPT) 중 일부입니다. 뭔가 문인다운 필체도 느껴지지만, 다소 오글거리는 표현도 있지요. 요즘 이렇게 문자를 보내면 아마 '헐'이나 '헉!'으로 답글이 오지 않을까요?(웃음)

편지를 받은 최정희는 당시 23세의 젊은 이혼녀였는데, 사진에서 보듯 뛰어난 미모와 지성을 갖춘 신문기자로 인기가 많았던 모

"웬일인지 모르겠다.
네 적은 입이 좋고 목덜미가 좋고
볼다구니도 좋다.
나는 이후 남은 세월을
정희야 너를 위해
네가 다시 오기 위해
저 야공(夜空)의 별을 바라보듯
잠잠히 살아가련다…"

양입니다. 최정희는 결국 이상의 절절한 구애를 거부했죠. 어쩌면 이상의 구애를 거부한 게 아니라 이상의 비장함과 집착을 거부한 건 아닌지, 모르겠어요. 이상의 편지를 보면 받는 사람의 마음이 가볍지 않을 거 같아요.

연애편지는 되도록 하루쯤 묵혔다가 보내라고 합니다. 대개 밤늦은 시각에 쓴 편지는 지극히 감정이 고조돼 있기 마련이죠. 아침에 정신 차리고 다시 보면 본인이 오글거리고 오싹해요.(웃음) 사랑을 하면 사람들은 바보가 된다죠. 평소에 똑부러지고 멀쩡하던 사람도 연애편지를 쓸 때 보면, 부끄러움도 없어지고 철자법이나 문법은 다 사라집니다.(웃음)

"우리 귀요미!
오늘도 난 쟈기를 보고시퍼서 죽을 것 같아쏭♥
드라마를 보고 있는데, 자꾸 쟈기 생각이 나지 뭐야!
이따 볼 생각을 하니 벌써부터 두근두근!"

인터넷에 나온 글인데, 젊은 세대들은 이렇게 문자를 보낸다죠. 알콩달콩 하면서 통통 튀는 표현들이, 받는 상대는 얼마나 행복할까요. 서로 좋아한다면야 철자법이나 문법이 무슨 대수겠어요. 후회 없이 감정을 쏟아 붓고 맘껏 오글거리는 표현을 쓴다 한들 누가 말리겠어요.(웃음)

"난 열한 시 삼십 분에 들어왔습니다. 그리고는 줄곧 바보처럼 안락의자에 멍하니 앉아 있었습니다. 아무것도 할 수 없었습니다."

천재작가 제임스 조이스가 쓴 연애편지인데, 난 이런 글이 마음에 들어요. 마치 영상을 보듯, 글이 눈에 들어옵니다. 처음 만난 여인일지라도 그다지 부담스럽지 않으면서도 여운을 주고 있어요. 담담하고 담백한 느낌이죠.

제임스 조이스는 종종 '외설적인 연애편지'도 보낸 모양인데요. 훗날 발견된 한 연애편지는 소더비 경매에서 5억 원이 넘는 돈에 낙찰됐다죠. 혹시 헤어진 남친이 보낸 연애편지가 있다면, 그 놈이 밉더라도 절대 버리지 마세요. 누가 아나요? 훗날 돈 되는 편지인 줄, … (웃음)

언젠가 TV에서 배우 김고은이 패티김이 부른 명곡 「가을을 남기고 간 사랑」을 부른 적이 있는 데, 패티김의 노래를 들을 때와는 느낌이 전혀 다르더라고요. 기교를 부리지 않고 감정을 고조시키지도 않고, 담백하게 그야말로 말하듯이 노래를 부르는데 여운이 꽤 오래 남았습니다. '담백'하고 '담담'하다는 것이 오히려 가슴을 후벼 파는 줄은 그때 알았어요.

안도현 시인은 그의 시작법(詩作法)에서 '감정을 쏟아 붓지 말고 감정을 묘사하라'고 했는데요. 감정을 고백하고 싶으면 일기에 쓰라고 충고하고 있어요. 마찬가지로 편지도 감정을 다 쏟아 붓는 건 좋은데, 편지가 실패로 돌아갈 경우 나중에 후회와 허탈감만 남아요. 내가 실패해봐서 누구보다 잘 알아요.(웃음)

글도 드라이하고 담백하면 훨씬 효과적입니다. 이상의 연애편지가 실패한 이유 중 하나도 감정이입이 너무 많았던 거 아닐까요? 결론적으로 대문호의 연애편지라고 꼭 성공하지는 않는다는 사실이죠.(웃음)

대학시절에 꽤나 마음에 들었던 여학생이 있었어요. 서너 번 만났는데, 어느 날 갑자기 연락이 끊겼어요. 당시에는 휴대폰도 없던 시절이라, 편지를 보냈죠. 우편엽서 제일 끝자락에 아주 작은 글씨로 "죽었냐?" 딱 한 마디 보냈습니다. 드디어 답이 왔어요. 똑같은 방식으로 엽서 끝에 "살았다!"라고 말이죠. 그래서 어떻게 됐느냐 … 궁금하죠?(웃음) 그게 마지막입니다. "살았다!"라는 한마디 남긴 이후 지금까지 생사확인이 안되고 있습니다.(웃음)

"설득하지 말고 유혹하라."

지난 주, 중간고사 문제 중에 '5줄 내외로 상대를 움직이는 연애편지를 쓰라'는 문제를 냈는데요. 시험문제를 보고 당황했나요? 아니 황당했다고요?(웃음) 실제 어느 광고회사 신입사원 모집에선 연애편지를 써보라는 문제가 나왔답니다.

"지혜야.. 나는 아직 네 마음을 모르겠다.
명문대 의대생답게 눈높이가 아주 높아서 내가 성에 차지 않아서 그러는지, 아니면 전 남자 친구에게 받은 마음의 상처가 커서 그러는지 제발 말이라도 해다오."

한 남학생이 쓴 연애편지 중 일부분인데요. 가상의 편지인지, 실제 상황인지는 나도 모릅니다. 편지를 보면 "제발 말이라도 해다오" 하며 끝을 맺었는데, 참 답답하고 애절한 맘이 녹아 있어요. 편지를 보면 학생은 사랑의 열병에 빠져 있음을 알 수 있지요. 그렇다고 굳이 전 남친 이야기까지 꺼낸 건, 본인의 콤플렉스만 노출하는 거 아닌가요? 왜 그랬어요?(웃음)

연애편지 쓸 때, 제발 부탁하지 말고요. 애원하거나 매달리지 말아요.(웃음) 심장이 식을 때까지 기다렸다가 편지를 보내세요.

작가 엔도 슈사쿠는 저서 『전략적 편지쓰기』에서 읽기에 거북하거나 낯간지러워서는 안된다고 말합니다. 오히려 다른 글은 억제하고 딱 한 줄로 '널 좋아해' 만 쓰는 것이 더욱 애절함을 전달할 수 있다고 강조하죠. 그렇다고 1~2번 만났는데 무작정 '널 좋아해'라고 들이대진 마세요. '미친 x' 인줄 알아요.(웃음)

학생의 편지를 이렇게 고쳐봤어요.

<피드백>

"지혜야.. 만난 지 적잖은 시간이 흘렀어도, 여전히 넌 알 수가 없네.
그게 너의 매력이기도 하지만 … ㅎㅎ
네가 눈이 높다는 것은 진작 알았지. 사실 나도 눈이 낮지는 않거든. ㅋㅋ
나에 대한 너의 생각이 무얼까? 궁금하다.
지금은 말 안 해도 좋아 … !!!"

상대가 읽기에 부담스럽지 않고, 또 재치있지 않나요?

학생이 쓴 '제발 말이라도 해다오' 보다는 '지금은 말 안 해도 좋아'가 여러분 말로 훨씬 힙(hip)하고 여운을 남기지 않나요?

지난 강의 때 글의 목적이 유혹이라 말했듯이, 연애편지야말로 유혹하려고 씁니다. 설득하려고 들지 말고 유혹해야 합니다. 상대가 반응이 시큰둥하다면, 일단 잘못 쓴 편지일 겁니다.

그리고 답이 올 때까지 연락하지 마세요. 답이 없다고 또 편지질 하

지 말고 한 달만 참아요. 제발~~(웃음)

'무언'(無言)도 강력하고 효과적인 메시지입니다.

낭만파 시인 바이런은 「이젠 더 이상 헤매지 말자」란 시에서 "사랑도 때론 쉬어야 하지!"라고 노래했죠. 만약 한 달 기다려도 답이 없으면, 더 이상 헤매지 말고 쿨하게 떠나 보내세요(웃음) 붙들수록 멀어져 가고, 떠날 사람은 결국 갑니다.

> "내가 감정이 무뎌서 엄마가 아플 때는 별 느낌이 없었는데, 네가 저번에 아플 때는 내 마음도 찢어질 듯이 아프더라."

또 다른 남학생의 편지인데요. 굳이 엄마를 등장시키는 건, 좀 그렇지요. 엄마가 알면 얼마나 섭섭하겠어요?(웃음)

'내 마음도 찢어질 듯이 아프더라'란 표현은 좀 오바 아닌가 해요. 상대가 읽기에도 부담스럽죠. 아마도 감기 몸살 정도일 거 같은데, 그렇게 찢어질 듯 아픈가요.(웃음)

<피드백>

> "누가 아프다고 해도 별로 신경 안 쓰고 살았어 ⋯ 이제 나도 변했나 봐. 저번에 네가 아프다니까 괜스레 나도 아프더라. 믿기 어렵겠지만 ⋯ 후훗"

이렇게 수정해 봤는데, 마음에 안 들면 원본대로 보내세요.(웃음)

'무겁지 않게 그리고 재치있게' 사랑의 마음을 전달하는 것이 요즘 트렌드 아닌가요?

"자기야 오늘 힘들지 않아?

당신이 내 머리 속에서 하루 종일 돌아다녔어. 미래가 어떤지 당신이랑

같이 보고 싶다. ㅎㅎ"

여학생이 쓴 이 편지는 어떤가요?

편지를 보낸 상대가 누구든지 간에, 이런 편지 받으면 기분이 좋아지

지 않을까요? 찐한 고백을 하면서도 그렇게 무겁지 않아요. 특히 '당신

이 내 머리 속에서 하루 종일 돌아다녔어'라는 표현이 인상에 남아요.

재밌는 편지 몇 개 더 볼까요.

① 중국의 남친에게 ...

우리가 항상 만날 수 있는 계절은 여름과 겨울인데

봄과 가을은 우리가 서로 찾아가는 길이다.

② 내 옆에 항상 있는 친구에게 ...

 부모님에게 말할 수 없을 때 네가 있어

남자 친구 없지만 네가 있어

여행갈 때 네가 있어

앞으로 내 인생에 절대 결석하지마

③ 싫은 엄마에게 ...

내가 집에 없을 때 싼 것 먹는 모습이 싫어!

내 짐 속에 맛있는 것 넣는 모습이 싫어!

엄마가 나이 드는 모습이 싫어!

편지 ①은 한 중국 유학생이 쓴 편지에요.

방학이 돼야 중국으로 돌아가 남친을 만나는 모양입니다. 남친을 만나는 계절인 여름과 겨울방학보다 만날 수 없는 봄과 가을이 오히려 애틋하고 소중한 계절임을 느끼게 하지요. "봄과 가을은 서로가 찾아가는 길"이란 표현은 참 감각적이죠.

편지 ②는 항상 붙어 다니는 단짝에게 보낸 편지인데요.

마지막 줄 "내 인생에 절대 결석하지마"란 글이 상큼합니다. '절대 나를 떠나지마!'라고 했다면, 글맛이 밍밍했을 거예요.

친구에게 보내는 짧은 문자 메시지라도, 인상적인 '1줄'을 고민해보세요. 두고두고 친구의 기억 속에 남아있을 겁니다.

편지 ③은 중국 유학생이 고향 엄마에게 보낸 편지인데요.

'반어와 반전'이 돋보입니다. 편지는 '싫은 엄마'를 얼마나 사랑하는지 보여줍니다. 문장마다 '싫어' '싫어'를 반복하는데, 리듬감이 있어요. 글의 리듬은 뇌에 각인시키는 효과가 있죠.

8-4. 서민의 '무기' : 글 솜씨가 배우자의 미모를 좌우한다

"미팅이라도 나가면 내 얼굴을 본 여대생들은 깜짝 놀랐다."

기생충 학자로 유명한 서민 교수가 『서민적 글쓰기』에서 한 말인데요. 스스럼없이 못생겼다고 자백하는 사람은 처음 봤어요.(웃음) 서민은 못생긴 얼굴에 책임질 마음이 없다며, 엄마에게 전적으로 책임이 있다고 너스레를 떨기도 합니다. 자신이 연애를 하고, 미모의 배우자

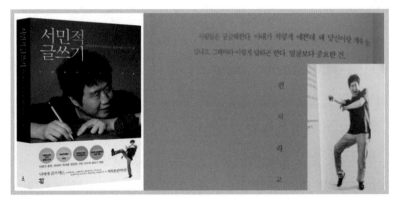

를 둔 것은 순전히 연애편지 덕분이라고 하죠. 책에서도 "얼굴보다 중
요한 건 편지라고"(사진) 밝히고 있어요.

서민의 글은 재치와 솔직함으로 독자를 무장해제 시키는데요. 결국
상대 여성들이 넘어간 것이 자신의 유일무이한 무기인 글 솜씨 때문이
라는 주장이 과히 억지스럽지 않아 보입니다.

남학생들! 서민의 얼굴을 보니 자신감이 생기지 않나요?(웃음)

요즘 손 편지에 잘 감동한다잖아요. 글쓰기는 돈 안 드는 작업의 기
술입니다. 물론 연애편지를 빼어나게 잘 쓴다 해도, 상대가 싫다면 방
법이 없지만요.(웃음) 다만 사랑은 이루지 못해도, 연애편지로 갈고 닦
은 글쓰기 실력은 훗날 두고두고 도움이 될 겁니다.

　　"사랑해" -- ① "달빛이 아름답군"
　　　　　　② "내안에 네가 있다"

일본의 셰익스피어라고 불린다죠. 소설가이자 영문학자인 나쓰메
소세키에겐 유명한 일화가 있습니다. 영어수업 중 한 학생이 'I love
you!'를 '사랑해'라고 번역하자, 일본 말엔 그런 말이 없다며, '달빛이

아름답군'이라고 정정했다죠.

대한민국에서 '사랑'이라는 단어는 1920년 나도향의 소설 『청춘』에서 처음 등장했다고 하니까, 사실 1세기 밖에 안됐습니다. '사랑'이라는 말은 한자어(사량:思量 생각 사, 헤아릴 량)에서 왔다죠. 사랑이라는 것이 '생각의 양', 즉 상대에 대한 이해와 배려라는 거죠. 신선하고 설레던 '사랑'이란 단어도 1세기만에 약발이 다 떨어진 듯 싶어요.(웃음)

"내 안에 네가 있다"라는 한때 유행했던 드라마 대사가 있었죠. '사랑해'라고 직설적으로 고백하기보다는 "내 안에 네가 있다"는 표현이 훨씬 로맨틱해 보이질 않나요.

당시 남자배우가 이 대사를 20번가량 NG 냈다는데, 여러분도 입에 달라붙을 때까지 많이 연습하고 써먹어야 될 거예요. 나 같이 순백한 사람은 소화하기 어려운 표현입니다.(웃음)

그냥 흉내 냈다간 "이게 뭐임?" … 순간 정적만을 불러옵니다.(웃음) 연습(practice)만이 결코 배신하지 않는 법이죠.

8-5. 'P.S' 하나가 마음을 훔친다

영화 「P.S. 아이 러브 유」 보셨나요?

영화는 세실리아 아헌의 소설 『PS, I love You』가 원작이라죠. 죽은 연인으로부터 날아온 한 통의 편지를 통해 러브 스토리를 풀어나갔죠. "아직 너와 이별할 준비가 안됐어." 편지 속 명대사는 영화를 오래도록 기억하게 만들죠.

"아직 너와 이별할 준비가 안됐어"

"아이 러브 유" 앞에 "P.S"를 붙인 건 기막힌 묘수라는 생각이 들어요. 편지 마지막 줄에 쓴 "P.S 아이 러브 유"에서 "P.S"가 빠졌다면, '아이 러브 유'의 임펙트가 떨어지고 밋밋했을 겁니다. 영화 「P.S. 아이 러브 유」는 '사랑해!'라는 말을 마지막까지 아껴야 더욱 강력한 힘을 발휘하고 있음을 보여주죠.

연애편지란 그 어떤 글보다도 상대의 마음을 흔들고 훔치는 작업입니다. '사랑' '행복' '슬픔' '눈물' '고독'이란 관념적이고 직접적인 단어를 아껴보세요. '너 때문에 고민 많이 했어'보다는 '밤새 한잠 못 잤어'가, '그녀는 행복했다'보다는 '얼굴에는 생기가 감돌았고 미소가 떠나지 않았다'가 훨씬 리얼하게 다가오죠.

강원국의 책 『회장님의 글쓰기』를 보면 '체중이 100kg 넘는다' '뚱뚱하다' 같은 표현보다는 '그가 들어오자 욕조물이 절반은 흘러 넘쳤다'로 묘사하면 독자들은 상상한다고 합니다.

은유적이고 비유적 표현을 쓰면 글이 눈에 밟힙니다. 누군가 "글이란 가치 있는 지적 사치다"라고 했습니다. 가치와 사치는 없어도 죽지 않고 사는데 지장없지만, 있으면 기분 좋다는 거죠.

'지식충(知識蟲)'은 밥맛이라지만, '지적 매력'은 여전히 유효합니다. 비록 연애편지에 써먹을 일이 없더라도, 글빨은 우리를 기분 좋게 합니다. 함께 지적 사치를 즐겨보자고요. 잘만 쓰면 훗날 셀럽이 될 수 있고, 돈이 될 수도 있어요.(웃음)

다음 주에 봐요 제발~!!

특강9

대문장가도 '7번의 수정'을 한다

대문장가도 '7번의 수정'을 한다

9-1. 이치로의 인생힌트 : 7번 실패가 누적돼야 3번의 성공도 있다

"나는 3,000안타를 때려냈습니다. 그런데 그 이면에는 7,000타석의 실패가 있었습니다."

미국 메이저리그 하면 전(全)세계에서 야구를 제일 잘하는 선수들이 모인 곳입니다. 일본의 스즈키 이치로 선수는 메이저리그에서 기념비적인 기록을 세웠죠. 이치로는 "3,000안타라는 대기록을 세웠지만, 그 뒤에는 7,000타석의 실패가 있었다"고, 한 인터뷰에서 말합니다. 10번 중 3번의 성공을 자축하기보다는 7번의 실패와 좌절이 있었음을 아쉬워합니다.

어떤 분야에서든 업적을 세운 인물들을 보면, 말도 인상적으로 잘해요. 성공하면 말빨도 살아나는 모양입니다.(웃음)

이치로는 정상에 오르기까지 피나는 노력과 훈련의 양이 있었음을 숨기지 않는데요. 투수들의 빠른 공을 눈에 익히기 위해 고속도로를 달리는 자동차의 번호를 외우는 연습까지 했다는 유명한 일화도 있습니다. 야구팬들은 3할의 성공만 기억하지, 혹독한 훈련과 7할의 실패는 애써 잊습니다.

30여 년 직장생활을 돌이켜보면, 나도 부장, 국장까지 지냈지만 차장대우시절 승진에서 누락된 적이 있습니다. 우울하고 화납니다. 때려치고 싶죠. 집에선 얘기를 안 해서 전혀 몰랐죠. 지금도 몰라요.(웃음)

대부분 직장인들의 경우, 실패사례가 성공사례보다 훨씬 많을 겁니다. 보통 실패사례는 말을 안 합니다. 나도 강의하면서 실패사례는 좀체 얘기하지 않잖아요.(웃음)

숫자 '3'은 인생에 많은 힌트를 줍니다. 야구에서 3할 타자라면 대단하듯, 콘텐츠 제작에 있어서도 10개 중 3개가 누군가의 기억에 남는다면 대성공입니다. 3개가 아니라 1~2개 만이라도 히트를 친다면, 조직에서 욕 안 먹고 편안하게 지낼 수 있습니다. 속 편하게 사는 게 최고죠.(웃음)

수십 편의 영화에 참여한 유명 감독이나 배우도 실제 기억되는 것은 1~2편의 대표작에 불과하잖아요. 가수들은 노래 1곡 히트하면 인생이 바뀌고 평생 먹고 삽니다. 기억해야 할 점은 대표작과 히트작은 숱한 실패가 누적돼야 나온다는 사실이죠. 그게 인생의 숨은 이치 아닌가 생각이 들어요.

산악인 엄홍길은 "자전거는 많이 넘어진 사람이 가장 빨리 배운다"

고 했지요. 글쓰기도 마찬가지일 겁니다. 시인 김승희는 "신기의 문맥에 오를 때까지 부단히 실패를 연습해야 한다"고 말하고 있지요.

오늘 수업은 글쓰기에서 '수정 과정'이 얼마나 중요한지, 단어 하나 또 조사와 부사 하나가 글맛을 어떻게 바꾸는지, '괜찮은 글쓰기'를 위한 요건은 무엇인지 탐구해 보도록 하겠습니다.

9-2. 버나드 쇼와 김훈 : 7번 수정하고 조사 하나에 밤을 지샌다

"우물쭈물하다가 내 이럴 줄 알았다"

아일랜드 극작가 버나드 쇼의 아주 유명한 묘비명이죠. 사실 이 묘비명은 우리나라에서만 이렇게 기억한다고 합니다. 묘비명 원문은 다음과 같습니다.

"오래 살다보니, 결국 이런 일(죽는 날)이 있을 줄 알았지."

(I knew if I stayed around long enough, something like this would happen)

원문 어디를 보고 '우물쭈물하다가'로 번역을 했을까요? 그래서 희대의 오역이라고 비판받곤 하는데요. 당대 최고의 문필가이자 누구보다 치열한 삶을 보낸 버나드 쇼에게 '우물쭈물' 살다간 인물이라고 말하는 것은 사자명예훼손이 될 수도 있을 겁니다.(웃음) 그럼에도 불구하고 '원문'보다 '오역'이 훨씬 공감이 됩니다. 내가 바로 우물쭈물,

우왕좌왕하다 보니 여기까지 왔더라고요.(웃음)

누가 처음에 이렇게 번역했는지는 모르지만, 한국 네티즌의 재치와 감각은 정말 대단합니다. 과연 '의도된 오역'이 아니었다면, 버나드 쇼의 묘비명을 우리가 기억하고 있을까요? 버나드 쇼가 이런 각색 사실을 알고 있었다면, 오히려 자신의 무릎을 쳤을 거라고 봐요. 그렇다고 남의 묘비명까지 마구 수정하진 마세요.(웃음)

노벨문학상 수상자이기도 한 '버나드 쇼'에게는 글에 관련한 일화가 있습니다. 밤새 집필 작업을 마치고, 그는 새벽녘에 잠이 들었죠. 그때 집필실에 들어와 원고를 읽어 본 부인이 말합니다. "당신의 글은 쓰레기 감이에요!" 버나드 쇼가 능청스럽게 대답합니다. "맞아, 하지만 일곱 번 교정한 다음에는 완전히 달라져 있을 거라고."

대문장가인 버나드 쇼도 일곱 번을 고치고 또 고친다는 얘기죠. 어쩌면 버나드쇼는 처음부터 수정을 전제하고 글을 쓰는 것이겠죠.

"버려진 섬마다 '꽃이' 피었다."

김훈의 소설 『칼의 노래』 첫 문장이죠. 작가는 "꽃이"로 할까, "꽃은"으로 할까, 이 한 문장을 놓고 담배 한 갑을 피며 밤을 지새웠다고 합니다. 김훈은 한 인터뷰에서 '꽃이 피었다'는 꽃이 핀 사실을 객관적으로 진술한 언어이고, '꽃은 피었다'는 주관적인 의견을 보여주는 언어라고 말했지요. 글쟁이도 이렇듯 조사 하나를 놓고도 고치고 또 고민합니다.

"에비스, '조금' 사치스러운 맥주입니다."

일본 맥주 에비스의 광고 카피인데요. 한 번쯤 우아하고 고급스러운

맥주 한 모금을 음미하면서, 폼 잡고 싶은
적이 있잖아요. 돈이 없을 때 오히려 허영심
이 발동하는 적 있잖아요.

에비스 맥주 카피를 보면 '조금'이라는
단어에 묘미가 있다는 느낌이 들어요. '조
금'이라는 부사 하나가 '사치'를 중화시키
죠. 까짓 거 오늘 사치 한번 질러보자! 하는

유혹을 느끼게 합니다. '조금' + '사치' 조합이 교묘하게 대중의 소비
욕망을 자극하고 있는 것이죠.

1995년 〈시사매거진 2580〉에서 제주도 표선마을의 '티켓 다방'을
소재로 방송한 적이 있습니다. 120가구 정도인 소ㄱ만 마을이었는데,
티켓 다방과 가요주점이 무려 30곳이 넘었어요. 100여 명의 '남편'을
두고 이보다 훨씬 많은 다방과 유흥업소 아가씨들이 치열한 쟁탈전
을 벌이고 있는 상황이었죠.(웃음)

마을은 남편들의 외도로 적지 않은 가정들이 불화를 겪고 있었습
니다. 한 티켓 다방 아가씨가 커피를 배달하러 여관에 들어가는 현장
을 목격하고 지켜봤습니다.

"인근 상점으로 … 여관으로 들어가는 아가씨들, '좀체' 나오질 않습

니다."

당시 기사인데요. 선정적인 내용을 어떻게 표현할까 고치고 또 고치며 고민하다가 '좀체'라는 단어가 떠올랐어요. '성을 사고파는 현장입니다'라는 직설적 표현보다 훨씬 은유적이죠. '좀체'라는 부사 하나가 굳이 성매매라고 얘기하지 않아도 시청자들에게 상상력을 불러일으킵니다. 지금 봐도 참 좋은 표현입니다.(웃음) '조금'이나 '좀체'라는 부사 하나가 글의 색깔과 뉘앙스를 바꾸어 놓는 것이죠.

지난 강의 때 과제로 내주었던 가을 스케치기사를 피드백 한 적이 있습니다.

"물기를 머금은 단풍들은 한층 '차분한 색채'를 뽐냅니다."

한 학생의 리포트 첫 멘트입니다. '차분한 색채'라는 부분이 왠지 어색했어요. 물기를 머금은 단풍잎이 내 눈에는 선명하고 영롱하게 보였거든요. '차분한'이란 표현은 '차분한 분위기' '차분한 성격' 이런 수식에 어울리지 않나요? 처음에 이렇게 수정해 줬습니다.

"한층 영롱하게 자신의 색깔을 드러냅니다."

학생은 메일을 보내와 '차분한'이란 수식어가 뭐가 문제인지 모르겠다며, 나름 고심 끝에 썼다고 항의하더군요. 아주 무서웠어요.(웃음)
학생은 물기 머금은 단풍잎을 보면서 마음이 차분하게 느껴졌던 모양입니다. 가만히 생각해보니 '색깔이 차분하다'는 표현을 내가 사용하지 않아서 어색하게 느껴졌지, 다시 보니 괜찮더라고요.(웃음) – 원래

한국말은 자꾸 보면 헷갈리잖아요.(웃음)

교수 체면도 있고 해서, 2차 수정을 보내줬습니다.

(원본) "물기를 머금은 단풍들은 한층 '차분한 색채'를 뽐냅니다."

(1차 수정) ; "한층 영롱하게 자신의 색깔을 드러냅니다."

(2차 수정) ; "한층 고즈넉한 가을색을 드러냅니다."

학생은 본인도 '고즈넉한'이란 단어가 머릿속에 맴돌던 수식어라고 하더군요. 그렇게 우린 합의를 봤습니다.(웃음)

사실 정답이 어디 있겠어요? 마음에 드는 표현이 나올 때까지, 대체 불가의 단어를 찾고 또 찾아야 합니다. 부장님이 데스크 본 기사라고, 교수님이 피드백한 글이라고 그냥 넘어가지 마세요. 마음에 안 들면 따지세요. 단 교수나 부장의 보복이 있을지도 모르니까, 상냥하고 예의 바르게 항의해주길 바래요.(웃음)

9-3. 딱 한 번 더 고치면 성공한다 (Practice makes perfect)

단풍잎은 화려했던 시간을 과거로 간직한 채, 낙엽이 되어 가을길을 곱게 덮었습니다.

깊은 하늘과 대비되는 무게감 있는 뭉게구름에 더 짙어진 가을을 느낍니다.

과제로 제출한 가을 영상 스케치 제작물인데요.

첫 번째 문장 중 '화려했던' 시간이란 표현이 추상적이에요. 구체적인 빛깔로 단풍잎을 묘사했으면 어떨까요? 또 주어 '단풍잎'과 서술어 "곱게 덮었습니다"가 멀리 떨어졌어요. 가급적 주어와 서술어는 가까이 써야 문장이 명확해집니다. 그리고 스케치 기사는 되도록 현재형으로 쓰면 시청자가 현장에 함께 있는 듯한 효과가 있습니다.

두 번째 문장은 "무게감 있는"이란 표현이 운치를 깹니다. 화면상으로는 구름이 무게가 꽤 나가 보이기는 하지만요.(웃음)

영상물로 제출했으니 화면으로 보여주면 되지, 굳이 수식어는 필요 없겠지요. "짙어진 가을"은 형용사를 서술어로 바꿔주면 훨씬 읽기가 편합니다.

- "단풍잎은 화려했던 시간을 과거로 간직한 채 낙엽이 되어 가을길을 곱게 덮었습니다."

(피드백): "교정을 주홍빛으로 물들였던 단풍잎은 이제 가을의 길목을 곱게 덮고 있습니다."

- "깊은 하늘과 대비되는 무게감 있는 뭉게구름에 더 짙어진 가을을 느낍니다."

(피드백): "청명한 하늘에서 뭉게구름은 피어나고 가을은 짙어져 만 갑니다."

'정답은 없다. 오답도 없다. 단, 나쁜 글은 있다'

과제로 제출한 여러분의 스케치 기사 중에서 '깨는' 표현 몇 개를

어색하고 깨는 표현들!!

교정에도 엄연한 가을이 찾아왔습니다.
⇨ 교정에도 <완연한> 가을이 찾아왔습니다

단풍들이 이제는 교정의 바닥을 수놓았습니다.
⇨ 이제 단풍들이 교정의 <길가>를 수놓고 있습니다.

차가운 날씨에 학생들의 옷차림은 늘어갑니다.
⇨ 날씨가 쌀쌀해지면서 학생들은 <옷깃을 여밉니다.>

뽑아 본 건데요. 크게 문제 삼을 표현은 없지만, 추천하고 싶지도 않네요.(웃음)

'엄연한' '바닥' 같은 어색하고 투박한 단어 하나가 문장을 재앙으로 만들고 있어요. 딱 한 번 더 고치면 성공한다(Practice makes perfect)는 말을 꼭 기억하자고요.

사실 기자라는 직업이 시인이나 소설가처럼 대단한 글빨이 요구되지도 않지요. 기사는 전달이 목적이고, 읽기에 또 듣기에 자연스럽다면 아주 잘 쓴겁니다. 글에는 정답도 없고 오답도 없지요. 다만 나쁜 글은 있어요. 나쁜 글이란 딱 봐서 어색하고 어울리지 않는 글이죠. 멋진 표현은 눈에 잘 안 들어와도, 어색한 표현은 눈에 확 띕니다.(웃음)

데스크들은 어색하고 이상한 표현이 등장하면 어김없이 발견합니다. 두루뭉술한 표현이나 어울리지 않는 단어 하나가 글의 리듬을 깹니다.

"있어도 괜찮을 말을 내버려두는 너그러움보다 없어도 좋을 말을 기어코 찾아내 없애는 신경질이 글쓰기에선 미덕이다."

– 『문장강화』 중 –

소설가 이태준의 지적처럼 신경질적으로 '없어도 될 용어'를 찾아내야 합니다. 신경 곤두세워서 쓰지 않으면, 부장님이 신경질 냅니다.(웃음)

'퇴고의 달인'으로 유명한 인물이 있습니다. 『인간희극』 시리즈의 프랑스 작가 오노레 드 발자크죠. 그는 한 페이지를 쓰기 위해 60장 이상을 새로 쓰고 또 고쳤다고 합니다. 이미 끝낸 소설을 열여섯 번까지 수정하기도 했다죠.

여기서 퀴즈 하나 낼까요? 맞추면 최고의 맛, 스타벅스 커피 쿠폰을 드립니다.(웃음) 지난 2천 년 동안 최고의 발명품은 무엇일까요?

(한 학생) "지우개요!" 어떻게 알았죠? 지난 해 강의 내용이 유출됐나요?(웃음)

"사랑을 쓰려거든 연필로 쓰세요. 처음부터 너무 진한 잉크로 사랑을 쓴다면 지우기가 너무너무 어렵잖아요."

노랫말처럼 너무 진하게 힘줘서 쓰지 말고 언제든 지우개로 지울 수 있도록 어깨에 힘을 빼고 가볍게 써보세요. 누구 말마따나 '글짓기'가 아니라 '글쓰기'입니다. 글의 달인들도 자기 글에 만족하지 않습니다. 자신의 글에 불만을 가져야 진보할 수 있겠죠.

9-4. 전지적 작가시점 : 색다른 표현은 없나요?

휴일이 되면 TV 뉴스에서 흔히 보게 되는 스케치 기사 사례들(PPT)입니다. 방송 뉴스를 많이 보는 시청자들이라면 너무나도 익숙한 문장들입니다. 이런 표현들이 문제가 있다는 것이 아니라 식상하고 상투적이라는 점이죠. "모처럼만의 휴일"이라고 하는데, 요즘은 걸핏하면 휴일이잖아요.(웃음)

뉴스를 보았더니, 헬기에서 어린이가 넘어진 장면을 촬영해 방송하면서 "어린이날, 오늘은 넘어져도 신이 납니다"로 리포트합니다. 어린이날은 넘어져도 결코 아프지 않은 모양입니다. 내가 몇 번을 모니터해 보았는데, 헬기 화면이 풀샷(full shot)이라 아무리 봐도 신나는 어린이의 표정은 찾을 수가 없었어요.(웃음)

아파도 참고 있는지 아니면 신이 났는지. 누가 어린이의 속을 알까요? 오직 기자만이 압니다.(웃음)

기자들의 상상력과 '전지적 작가시점'이 놀랍습니다. '손길이 바쁘다'라는 표현도 스케치 기사마다 빠지지 않는데요. 휴일 연인들이 사진 찍는 손길도 바쁘고, 농부의 손길도 늘 바쁩니다.

> <모처럼>만의 휴일, 어린이들은 <마냥> 즐겁습니다.
>
> 어린이날, 오늘은 넘어져도 신이 납니다.
>
> 사진을 짝는 <손길은 바쁘기만 합니다>
>
> 농부들의 손길도 <덩달아> 바빠졌습니다.

기자의 눈으로 보면 우리나라 '농부의 손길'은 한순간도 쉴 때가 없어요.(웃음)

사실 이런 표현을 처음 선보인 기자는 누군지 몰라도, 대단한 글빨의 소유자일 겁니다. 수십 년 동안 많은 기자들이 표절하고 있잖아요.

"사진을 찍는 <손길은 바쁘기만 합니다>

⇒ 한 컷, 한 컷, 렌즈에 담아 봅니다.

농부의 손길은 바쁩니다.

⇒ 농부의 손놀림이 가볍습니다."

위의 스케치 기사들을 고쳐봤는데, 어떤가요?

이준삼 KBS기자는 『스케치 글쓰기특강』에서 스케치 기사는 '순간 포착의 통찰력'이라고 말했는데요. 통찰력까지는 아니더라도, 전지적 작가의 능력은 되도록 아끼세요. 한 번쯤은 '다른 표현'을 고민해보자는 겁니다.

① 팔짱을 낀 채 … ② 뒷짐을 진 채 … ③ 나 몰라라 합니다.

우스갯소리로 공무원들이 할 줄 아는 3가지라고 하는데요.(웃음)

공무원들을 비판하는 뉴스 기사들을 보면 마치 관용구처럼 따라붙곤 합니다. 기자들에겐 제일 만만한 상대가 공무원이라서 그렇게 비아냥거리는 모양인데, 정말 늘 팔짱끼고 또 뒷짐진 모습을 확인하고 기사 쓴 거 맞는지 모르겠어요.(웃음)

해당 공무원의 가족들이 뉴스를 보면, 아빠가 또 남편이 항상 팔짱을 끼고 뒷짐만 지고 있는 줄 알겠어요.(웃음) 관용적으로 쓰는 한 마디가 자칫 당사자와 가족들에게는 비수처럼 꽂힐 수도 있을 겁니다.

9-5. 이영자의 푸드텔링 : 맛은 정확성에 있고 멋은 파격에 있다

이영자는 맛 표현으로 제2의 전성기를 맞고 있죠. '먹방'이 대세이고 많은 연예인이 먹방으로 존재감을 과시하지만, 이영자의 입담은 그 중에서도 독보적입니다.

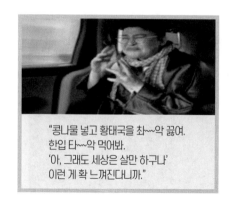

"콩나물 넣고 황태국을 촤~~악 끓여. 한입 타~~악 먹어봐. '아, 그래도 세상은 살만 하구나' 이런 게 확 느껴진다니까."

"서리태콩물 고~~소하고 달~~콤하고, 내 몸에 들어가면서 오~~온 몸에 촤아아악 흡수돼. 어우~ 시집 잘 간 송혜교가 부럽지 않아."

음식들이 이영자 앞에만 놓이면 생생한 맛으로 탄생합니다. 음식이 눈앞에 그려지고, 군침을 돌게 만듭니다. 누군가 이영자의 맛 표현은 음식을 그려내는 '푸드텔링'이라고 소개하기도 했죠.

"첫 입은 설레고 마지막 입은 그립다."

"한 번 본 사람은 잊어도 한 번 먹은 음식은 못 잊는다."

이 정도 푸드텔링이면, '대식가'라기보다 우리 시대 '대문호' 같아요.(웃음) 이영자는 단순히 음식 맛을 표현하는 것이 아니라 그 속에 우리네 삶을 녹여내는 비상한 재주를 보여줍니다. 재치가 넘치면서도 고급지게 표현하고 있지요. 요리연구가 백종원마저 "이영자의 맛 표현이 나보다 맛깔난다"고 했을까요.

"사과향이 나는 그리고 꽃 내음이 입안에 꽉 찬 느낌이다."

- 사과향이 나는 그리고 꽃 내음이 입안에 꽉 찬 느낌...
- 드라이하고 살짝 쏘는듯한 경쾌함이 있는 와인

"드라이하고 살짝 쏘는 듯한 경쾌함과 상냥한 맛을 지녔다."

파리특파원으로 부임해 보니, 어느 모임을 가도 포도주를 마시게 되더라고요. 참석자들은 저마다 와인의 맛과 향에 대해 한 마디씩 하곤 합니다. 나는 아무리 생각해도 '달다' '쓰다'든가, '시다'라는 표현 밖에 생각이 나지 않는데, 과일향과 꽃, 식물의 이름까지 들먹이며 격조 있게 한 마디씩 하는 걸 듣다 보면 짜증이 확 밀려옵니다.(웃음)

경쾌한 맛과 상냥한 맛이란 것이 도대체 어떤 맛인가요.(웃음)

오죽하면 파리에 머무는 동안 한국인 소믈리에로부터 10번의 포도주 수업을 듣고, 오글거리는 표현들을 외우고 다닌 적이 있습니다. 중요한 건 어떤 표현이든 고급스럽게 그러나 느끼하지 않아야 된다는 점입니다.

9-6. '평범하지 않게 … 뻔하지 않게'

가을 스케치에 좋은 몇 개의 표현들을(PPT) 모아 봤는데요.

한 신문에 실린 가을날 삼청동길 풍경(사진)과 '노란 융단길'이란 표현은 독자들로 하여금 산책하고픈 충동을 자아냅니다. 서정주 시인의 '가을 꽃자리, 초록이 지쳐 단풍드는 데'라는 시구는 한 번쯤 표절하고 싶은 표현이죠.

"오늘도 가을이 한 장씩 떨어져 내립니다"란 글도 읽는 이들의 마음을 울립니다. 나만 울리나요?(웃음)

프랑스의 소설가 플로베르는 돌 한 개를 묘사하는 데도 가장 알맞은 단 하나의 단어를 찾아야 한다고 말합니다. 즉, "어떤 사물을 나타내는 가장 적절한 말은 하나

- 익어가는 가을, '노을 융단길'을 거닐어 봅시다.
- 오늘도 가을이 한 장씩 떨어져 내립니다.
- 늦은 오후의 가을 햇볕은 오래 흘러온 강물을 깊게 만들다.
- 저 가을 꽃자리, 초록이 지쳐 단풍드는 데 …
- 발 밑에 그르는 단풍잎
- 나뭇잎에 떨어진 가을 햇살

밖에 없다"는 일물일어설(一物一語說)을 주장했습니다.

어찌 한 단어만 있겠습니까? 다만 가장 정확하고 신선한 용어를 찾고 또 찾으라는 얘기겠죠.

아리스토텔레스는 좋은 글쓰기란 "평범함에 빠지지 않으면서 명쾌하게 드러내기"라고 했습니다. PPT에 예시한 글이나 표현들을 보면 읽기는 평이하지만 평범하지 않습니다. 가을의 서정을 뻔하지 않게

전달합니다. 이런 시적이고 주옥같은 표현들을 수첩에 꼭 적어두세요. 기록이 기억을 이긴다고 하잖아요.

피천득은 수필 『맛과 멋』에서 말했죠. "맛은 적극적이요, 멋은 은은하다고, 또 맛은 정확성에 있고 멋은 파격에 있다."

프로 야구에서 투수의 강속구는 맛에, 커브나 변화구는 멋에 해당할 겁니다. 시원한 돌직구와 절묘한 변화구의 배합은 팬들에게 야구의 맛과 멋을 선사합니다. 야구팬들은 강속구 투수가 마운드에 올라오면 시원시원한 야구의 맛에 매료됩니다. 문제는 변화구는 가끔 써야한다는 것이죠. 또 커브와 체인지업 등 변화구만 남발하면 결국 얻어맞기 십상입니다. 실제로 메이저리그 기록을 보면 변화구보다 강속구 투수가 승리 확률이 높다고 합니다

음식도 양념이 많이 들어가면 느끼하듯, 글이나 말에서도 양념을 너무 뿌리다간 X되는 경우가 많지요.(웃음)

표현의 맛은 정확한 사실 전달에 있고 파격은 '가끔' 구사해야 멋이 살아납니다. 파격이란 건, 적절한 은유와 비유를 말하는 것이고, 여기에 재치가 들어간다면 금상첨화(錦上添花)겠죠.

헤밍웨이는 "모든 초고는 걸레다"라는 말을 했습니다. 그의 걸작 『노인과 바다』를 무려 22번 수정했다죠. 톨스토이도 『전쟁과 평화』를 35년 동안 수정해서 세상에 내놨습니다.

물론 1분30초짜리 짧은 기사를 쓰면서 수정 작업만 해대서는 안됩니다.(웃음) 기사 쓰기가 어려운 것은 마감시간이 있기 때문입니다. 마감을 넘기면 아예 세상 밖으로 나오질 못합니다.

"내 최고의 작품은 다음 작품이다."

'오페라 거장'인 주세페 베르디가 한 말이죠. 남들은 박수를 보내도 거장은 자신의 작품에 불만을 느꼈던 모양입니다. 베르디는 한 인터뷰에서 "완벽하게 작곡하려고 애썼지만 늘 아쉬움이 남았다면서, 그러기에 한 번 더 도전할 의무가 있다"고 털어 놓습니다.

버나드쇼나 김훈보다 글빨이 좋은가요?

헤밍웨이, 톨스토이, 베르디보다 재능이 뛰어난가요?

그렇지 않다고 자인한다면, 마감의 순간까지 '수정'의 시간을 아끼지 말아야 하겠죠.

만약 여러분이 이들보다 뛰어나다면, 내가 무슨 할 말이 있겠습니까? 강의를 마칠 수밖에요.(웃음)

다음 주에 봐요 제발~!!

특강10

볼 것이냐 말 것이냐 …
'첫 2초'에 결정난다

볼 것이냐 말 것이냐 …'첫 2초'에 결정난다

오늘도 재미있는 얘기로 시작하겠습니다. 여기 남학생들, 어느 여학생이 첫눈에 딱 들어온 적 있나요?

통상 소개팅에서 남자들의 경우 호감이 가는 여성인지 아닌지는 응시하는 시간을 보면 알 수 있다죠. 남자들이 첫 만남에서 4초를 바라다보면, 마음에 든다는 표시라는 겁니다. 4초를 넘어서 계속 쳐다보면 '급불쾌'해집니다.(웃음)

호감이 가지 않는 상대라면 시선이 4초를 넘기지 않는다는군요. 첫눈에 반하는 시간이 불과 0.1초라는 조사도 있더군요. 남자들에게 사랑이란 아주 순식간에 또 발작적으로 이루어지나 봅니다.(웃음)

여성들의 경우 끌리는 남자가 나타나면, 눈길이 머물긴 해도 반한 것은 아니라고 하는데요. 관심이 없는 남자를 보는 시간과 별반 차이가 없다죠. 여성들은 특별한 의미 없이 모든 남자에게 시선을 주는 모양입니다.(웃음) 여학생들이 자기가 좋아서 쳐다본다고 착각하지 말라는 얘기입니다.

첫 만남 · 첫 인상 · 첫 사랑처럼 '첫'은 설레임이자, 삶의 동력입니다. 첫 단추를 잘 끼우라는 말이 있듯, 꼭 기억해야 할 점은 '첫'은

평생 두 남녀의 우열과 상하 관계를 결정짓기도 한다는 거죠.(웃음)

콘텐츠에서도 제목과 첫 문장은 소비자와의 첫 싸움에서 승패를 결정짓습니다.

오늘 주제는 '볼 것이냐 말 것이냐. … 첫 2초에 결정난다'인데요. 제목과 리드가 좋다면 이미 절반의 성공은 따놓은 셈입니다.

서점에 가면 책 제목부터 살펴보게 되죠. 어느 날 책방에 갔더니 『하마터면 열심히 살 뻔했다』란 제목이 눈에 띄더라고요. 힐링 도서라며 젊은 독자를 위한 도서였습니다. 나는 퇴직을 해서 더이상 열심히 살 이유도 없는데. 하마터면 제목에 이끌려 책을 살 뻔했어요(웃음)

책은 벌써 14쇄를 찍었고 12만 부 정도 팔렸다고 하는데요. 제목 덕을 톡톡히 봤으리라 생각이 들어요. 저자도 "책 전체 중에서 제목을 가장 잘 썼다"고 한 인터뷰에서 말하고 있지요.

책이 베스트 셀러가 된 이후에 서점에 들렀더니 『하마터면 남들처럼 살 뻔했다』 『하마터면 편하게 살 뻔했다』 『하마터면 이런 것도 모르고 살 뻔했다』 등 유사 제목의 서적들이 엄청 널려있더라고요.(웃음)

10-1. 키스 먼저 할까요! "제목 7글자 보고 결정했어요"

탤런트 김선아는 한 인터뷰에서 「키스 먼저 할까요」라는 드라마 출연 제의를 처음 받았을 때 제목 7자만 보고 승낙을 했다죠. 대본을 보지 않고 제목만으로 출연 결정을 한 것은 "처음이자 마지막"이라고 털어놓습니다. 어느 시인은 "제목을 붙이는 일이 시 쓰기의 처음이자 마지막"이라고 말하고 있어요. 제목

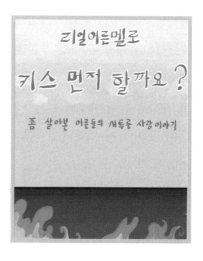

이 모든 저작물에 성패를 좌우할 수 있다는 얘기죠.

10-2. GHOST VS 사랑과 영혼 : '첫'의 실패는 장사 '끝'

빅히트한 영화들을 보면 원제와 역제가 전혀 다를 때가 많습니다. 역제가 원제보다 훨씬 호기심을 자극합니다. 물론 제목만 성공하고

참패한 영화가 더 많기는 하지만요.(웃음)

1990년 개봉작인 「사랑과 영혼」(사진1)은 관객의 마음을 애절하게 만든 최고의 로맨틱 영화로 꼽힙니다. 한국에서도 당시 전국 350만 관객을 동원하여 최고 흥행 기록을 세웠는데요. 영화는 지금도 제목이 잘 번역된 외화라고 네티즌들 사이에서 찬사를 받고 있다죠. 영화의 원제는 「Ghost」인데요. 번역한다면 '유령' 또는 '귀신' 정도가 될 겁니다. 만약 제목이 '유령'이었다면, 어땠을까요? 오싹한 공포영화인 줄로 착각하고 아예 극장에 갈 생각도 안 했을지 모릅니다.

우리나라에서 빅히트한 「겨울왕국」(사진2)은 원제가 「프로즌」(Frozen)인데요. 「겨울왕국」이란 제목에 대해 디즈니 관계자들도 찬사를 보냈다죠. 크로아티아에서는 「밝은 왕국」 터키에서는 「눈의 나라」라 하고, 중국에서는 「빙설대모험」으로 개봉됐는데요, 외화 제목을 짓는 감각도 한국 사람들이 세계에서 가장 기발하다는 생각이 들어요.

봉준호 감독의 「살인의 추억」은 2003년 당시 영화계의 최고 흥행작이었죠. 원작 제목은 희곡 「날 보러 와요」인데, 영화 제목 「살인의 추억」과 마지막까지 경합을 벌였다죠. 스릴러 영화인데 「날 보러 와요」는 조금 거시기 하지 않나요?(웃음) 「살인의 추억」이 훨씬 범죄 스릴러물에 어울려 보여요. 만약 흥행에 실패했다면 제목 때문에 실패했다는 얘기가 나왔을지도 모르지만요.

제목은 팬들이 가장 먼저 접하는 '첫'입니다. 영화에서는 '제목 장사'란 말이 있지요. '첫'에서 실패한다면 장사 '끝'이라는 겁니다.

10-3. "기막힌 몰락"(stunning fall) : 1줄의 헤드라인이 100마디 글보다 강렬하다

2017년 3월 11일 중앙 일간지들의 1면 톱기사입니다.

헌법재판소가 박근혜 대통령 탄핵 소추안을 인용했던 날이죠. 중앙일보는 1면 전체 중 절반 크기가 제목일 정도로 파격으로 편집했습니다.

'대한민국은 민주공화국이다' 서울경제신문은 헌법 1조 1항 딱 한 줄과 한 컷의 사진으로 1면을 채웠습니다.

파격적인 1줄의 제목과 1면의 편집은 100마디의 구구절절한 글보다 당시의 놀라움과 충격을 강렬하게 전달합니다. 또한 사안의 중대성을 독자들에게 각인시킵니다.

외신의 제목은 훨씬 강렬하죠. CNN은 딱 두 단어, 'Park out'로, AP통신은 '기막힌 몰락'(stunning fall)이란 표현으로 긴급 타전했습니다.

'I can't look!' (봐줄 수가 없네!) 'OH MY GOD!' (세상에나!)

2016년 트럼프가 대통령에 당선됐을 때 외신 헤드라인입니다.

'악몽'(Nightmare)이다. '파티가 눈물로 끝났다'라는 제목도 있어요. 매우 직설적이고 독설로 가득한 제목들입니다.

뉴욕타임즈가 그나마 'Trump triumphs' (트럼프가 승리하다)라는 운율에 맞춰 점잖게 표현했을 따름입니다. 트럼프가 아무리 미워도 대통령에 당선된 날, 대놓고 조롱하다니 … 우리 언론은 참 점잖은 편입니다.

여하튼 독설과 직설의 제목들은 독자들의 시선을 사로잡는데 톡톡한 효과를 발휘하는 모양입니다. 국내 언론들도 선정적인 외신의 제목들의 경우 빠짐없이 소개하고 있잖아요. 이제 언론들의 '제목전쟁'은 갈수록 살벌해지고 있습니다. 기성 언론의 문법과 형식은 파격을 넘어 서서히 파괴되고 있는 것이죠.

10-4. 무거운 건 가볍게, 가벼운 것 무겁게 : 세련된 것이 옳은 것보다 강력하다

2015년, 고(故)성완종 전(前)경남기업 회장이 스스로 목숨을 끊기 전 이른바 '성완종 리스트'가 담긴 쪽지를 남겼습니다. 당시 이완구 국무총리도 리스트에 연루돼, 곤혹을 치렀는데요. 하루하루 새로운 의혹은 계속 터져 나오고, 총리의 해명 수위도 날이 갈수록 높아져 갔죠. 온라인 매체인 〈허핑턴 포스트 코리아〉는 아주 재치 있게 기사를 내보냈는데요. 이완구 총리의 '해명 자막'(사진①)이 날짜별로 점점 커져갑니다.

헤드라인 '점점 커지는 이완口'에서 '구'는 한자어 입 구(口)자로 대체했는데요. 제목과 기사 레이아웃(layout)이 아주 절묘하게 맞아 떨어집니다. 기사에 절로 눈길이 가고, 피식 웃음이 나옵니다.

2005년 미국에서 첫 선을 보인 인터넷매체 〈허핑턴 포스트〉는 현지 언론사의 기사를 가공해서 내보내곤 하는데요. 뉴욕타임즈 기자들은 "허핑턴은 우리 기사를 베껴다 쓰는데 왜 같은 기사가 우리보다 100배 더 많이 읽히느냐"고 하소연한다죠.

사진 2
서울, 28년 후

2014년 설립된 〈허핑턴 포스트 코리아〉가 첫 공개한 한국판 헤드라인은 미세먼지의 재난을 다룬 '서울. 28년 후'(사진②)라는 기사인데요. 심플한 제목과 사진 1장으로 끔찍한 미래에 대한 메시지를 던졌는데, 독자들의 눈길을 사로잡는데 성공했다는 평가를 받고 있습니다. 〈허핑턴 포스트 코리아〉는 스스로 '스플래시'(splash) 전략이라고 부르는데요. 스플래시란 말 그대로 사진과 헤드라인을 아주 화사하고 세련되게 부각해서 클릭을 유도한다는 겁니다.

ㅁ ㅣ ㅇ ㅏ ㄴ ㅎ ㅐ ㅇ ㅣ ㄴ ㄱ ㅏ ㄴ

인공지능 '알파고'가 이세돌 9단을 이겼을 때 제목인데요. 나 같은 사람은 아주 뚫어지게 보아야 무슨 말인지 알 수 있어요.(웃음)

'미안해 인간'이라는 제목을 철자 하나하나 풀어서 썼는데. 장난스럽기는 하지만 오래 제목을 보게 만드는 효과는 있어 보이죠.

영화 「일일시호일」에서는 "무거운 건 가볍게 가벼운 건 무겁게"라는 유명한 대사가 나옵니다. 물론 영화를 보지는 않았어요.(웃음)

무겁고 거창한 뉴스를 만들 때에도, 반대로 가볍고 재미있는 뉴스를 만들 때에도 이 대사는 유효하다고 봅니다.

「허핑턴 포스트 코리아」는 '세련된 것이 옳은 것보다 강력하다'는 콘셉 아래 제목과 편집을 정한다고 합니다. 옳은 것을 아무리 옳다고 강력히 주장한들, 보지 않으면 소용없다는 얘기죠. '옳은 주장'을 널리 알리기 해서라도 세련된 전달 방식이 무엇인지 고민해 보자고요.

10-5. 같은 사건 … 다른 제목 : 어느 뉴스에 눈길이 가나요?

'사례 A'는 대전에 사는 20대가 음주 단속을 피해 도주극을 펼치다

경찰에 검거된 뉴스입니다. 중앙선을 역주행하며 달리는 목숨 건 질
주는 가로수를 들이받고서야 끝났는데요. 위험천만한 모습이 블랙박
스 영상에 고스란히 담겨 있습니다.

　같은 날 두 방송사가 같은 사건을 다른 제목으로 보도했습니다.

　'음주단속 피해 도주하다 교통사고 낸 20대 검거'란 제목을 단 뉴
스는 제목만 보면 무슨 내용인지 다 알 수 있어요. 이런 사건은 비일
비재해서 시청자들은 뉴스에 그다지 흥미를 느끼진 않을 겁니다. 반
면 '미친 음주운전 … 더 미친 도주운전'란 뉴스는 제목만 봐도 빨리
기자의 현장 리포트가 보고 싶은 충동이 일어납니다. 도대체 얼마나
미친 운전이길래. 또 어떤 미친 X이 운전대를 잡았는지 말이죠.(웃음)
실제 뉴스를 본 네티즌들은 "이건 뉴스 헤드라인 말 그대로다"라고
답글을 달았습니다.

　'사례 B' 빈집털이 기사 제목도 방송사 마다 차이가 나는데요.

한 방송은 '교도소 동기들 1달 만에 1억' 또 다른 방송은 '15초 만에 뚝딱, 허술한 베란다 창문'이란 제목으로 방송에 나갔습니다. 전자는 범인들이 누구인지에, 후자는 범행수법에 초점을 맞추었는데요. 어떤 뉴스에 더 눈길이 가나요?

일반 시청자라면 기막힌 범행수법에 관심이 갔으리라 보여집니다. 어떻게 15초 만에 빈집털이가 가능한지, 우리 집 베란다 창문은 안전한지 걱정도 됐을 겁니다. 범인이 바로 이웃집 아저씨라면 모를까, 범인들이 교도소 동기였다는 제목은 그동안 유사 뉴스를 많이 접했잖아요. 시청자들은 바로 '나'와 '나의 재산'에 훨씬 관심을 갖게 마련이죠.

10-6. 여왕과 전설의 대결 : 포인트가 주목의 차이를 가져온다

2011년 스위스 로잔에서 2018년 동계올림픽 평창유치를 위한 마지막 브리핑이 열렸는데요. 방송사 특파원들도 모두 로잔에 집결했었죠. 당시 각 방송사마다 뉴스 내용은 별반 다르지 않았습니다. 다만 앵커 멘트와 제목은 다 달랐습니다. 3사의 제목은 '평창 완벽한 브리핑', '여왕과 전설의 대결', '표심잡기 총력전'이었죠. 3개의 제목 중 두번째 '여왕과 전설의 대결'이란 제목이 단연 눈길을 끌지 않나요? 내가 리포트한 제목이라서 그런지 돋보입니다.(웃음)

당시 브리핑에서 평창은 피겨 여왕 김연아를, 강력한 라이벌인 뮌헨은 피겨의 전설 카타리나 비트를 발표자로 내세웠는데요. 제목과 앵커 멘트는 여기서 착안한 거죠.

똑같은 소재를 다룬 뉴스 제목도 '포인트'를 어디에 두느냐에 따라 맛과 색깔이 다릅니다. 중요한 건 포인트에 따라 '주목도'에서 차이가 난다는 점이죠. 앵커 멘트와 제목의 궁극 목적은 기자의 리포트를 보게끔 충동질하는 데 있습니다. 제목이 본편으로 연결하는 유혹에 실패한다면 말짱 '도루묵'입니다.(웃음) 언론사 편집부의 핵심 업무가 '제목달기'에 있고, 제목에 사활을 거는 이유입니다.

10-7. 볼 것인가 … 말 것인가? : 승부는 단 2초

여러분이 팀 과제로 제출한 카드뉴스 중에서 흥미로운 제목이 많아요. 세 개의 타이틀을 뽑아봤는데요.

카드뉴스 ①은 무분별한 캠퍼스 포교활동을 비판하는 타이틀입니다.

'제발 그만 하세요'라는 제목과 찡그린 얼굴만 봐도 캠퍼스 내 포교활동에 대해서, 얼마나 짜증스러운지, 리얼 짱입니다.(웃음) 이렇게 '날것'의 제목은 독자의 반응이 빠르죠. 글과 화면이 일치하면서 효과를 배가 시키고 있지요. 빨리 다음 페이지를 보고파집니다.

카드뉴스 ② '술기오른 대학생활'은 축제 때면 벌어지는 대학가 술문화를 재치있게 만들었어요.

제목 '술기오른 대학생활'은 초등학교 교과서 『슬기로운 생활』을 패러디했는데, 대학생다운 재치와 기발함을 보여줍니다. 철수와 영희를 등장시킨 타이틀 화면도 어린 시절의 추억을 떠올리게 하는데, 본편 내용도 얼른 보고 싶어지지 않나요?(웃음)

마지막 카드뉴스 ③ '지금 사랑하지 않는 자, 모두 유죄'는 타이틀만 봐서는, 무슨 메시지를 담고 있는지 모르겠어요.

내용을 보니까, 연애도 결혼도 출산도 할 수 없는 소위 '7포 세대의 비애'가 주제인데, 지금 사랑하지 않는 것이 유죄냐며 항변하고 있어요. 남학생 팀이 제작했는데, 누가 사랑하지 않는게 유죄라고 따지던가요?(웃음) '지금 사랑하지 않는 자, 모두 유죄'란 제목은 무슨 내용일지 일단 궁금증을 일으킵니다. 개인적으로는 배경 사진이 더 시선을 사로잡긴 하지만요.(웃음)

호기심과 궁금증을 유발시키는 것이 타이틀 제작의 노하우입니다.

'첫'이 궁금하지 않다면 다음 페이지로 넘어갈 마음이 생기질 않지요. 콘텐츠를 볼 것인지 말 것인지 결정하는 시간은 단 2초임을 명심하세요.

10-8. 꼭 봐야 될 것 같은 … 결국 보게 만드는 : 말초 신경을 자극하라

MBC 현역시절 만든 다큐멘터리 타이틀입니다. 굳이 자랑하고 싶은 게 있는데요. 이들 모두 두 자리 숫자의 시청률이 나왔답니다.(웃음)

제목 '돈', '사별', '살다보니 … '는 한 단어입니다. 타이틀만 봐도, 무엇을 방송하고자 하는지 단순하고 직설적입니다. 일단 제목에 관심을 보인 시청자들이라면 기다렸다가 본방 사수합니다.

'화투와 단무지'와 '달콤 쌉싸래한 인생'은 무슨 주제를 다룬 건지, 궁금하지 않나요? 제목이나 타이틀의 목적은 말초신경을 자극하는데 있습니다. 즉, 시청자의 감정선을 건드려 본편을 '꼭' 보고 싶게 유혹하고 '결국' 보게 만들어야 하는 것이죠.

'첫 문장(리드)은 덫이다'

  제목만큼 중요한 게 첫 문장, 즉 리드입니다. 막상 글을 쓰려면 첫 문장에서 벽에 부딪히는 경우가 많아요. 기자들은 리드만 떠오르면 절반은 썼다고 합니다.

  누군가 연애와 글의 공통점은 시작과 마무리가 가장 어려운 점이라고 했는데요. 연애 시작단계에서 덫을 놓는 데는 선수인데, 뒤 끝이 영 개운찮은 친구들도 있지요.(웃음) 끝을 잘 맺어야 글은 여운이 남는 법이고, 사랑은 추억으로 남지요. 첫 문장에선 일단 시선을 사로잡아야 하고 클로징에선 마음을 훔쳐야 되는 것이죠. 종종 '첫'은 애피타이저, '끝'은 디저트로 비유하기도 하는 이유입니다.

10-9. 뇌리에 남는 압도적인 '첫'

> 애비는 종이었다.
> 밤이 깊어도 오지 않았다.
> **- 미당 서정주 '자화상'**
>
> 사람들은 아버지를 난장이라고 불렀다
> **- 조세희 『난장이가 쏘아올린 작은 공』**
>
> 우리 집에는 매일 나 홀로 있었지.
> 아버지는 택시드라이버
> **- 자이언티 '양화대교'**

우리 시대를 대표하는 시와 소설 그리고 가요에서 모두 '아버지'가 리드로 등장하고 있는데요. 종과 난장이 그리고 택시드라이버 ... 어쩌면 아버지의 감추고 싶은 진실을 정면으로 치고 나옵니다.

그러기에 '첫'이 사뭇 충격적이고, 압도적으로 다가오고 있습니다. 오랜 시간이 흘러 작품의 제목과 내용은 가물가물거려도 이들 첫 문장은 우리의 뇌리에 깊게 각인되어 있는 이유일 겁니다.

〈글쓰기 훈련소〉 소장 임정섭은 '첫 문장은 덫이어야 한다'고 강조합니다. 즉, 첫에서 독자를 옴싹달싹 못하게 해야 한다는 것이죠. 보통 글의 첫 문장을 '리드'라고 합니다. 칩 힉스의 『스틱』에서 리드의 중요성을 말하는 사례가 있습니다.

한 고등학교의 언론학 수업 중 교사가 학생들에게 다음 기사를 보고 리드를 뽑아보라고 했다는데요.

"오늘 비버리힐스 고등학교의 케네스 l. 피터슨 교장은 다음 주 목요일 비버리힐스 고등학교의 전 교직원이 새크라멘토에서 열리는 새로운 교수법 세미나에 참가할 것이라고 말했다. 이 세미나에는 인류학자 마거릿 미드, 시카고대학 학장 로버트 메이너드 허친스 박사, 캘리포니아 주지사 에드먼스 팻 브라운 등이 강연자로 참석할 예정이다."

여러분도 리드로 뭐가 좋을지, 한번 생각해 보세요. 생각하기도 귀찮나요?(웃음) 위의 기사는 학생들과는 전혀 무관한 뉴스인 것처럼 보여도 사실 학생들에게 제일 중요한 뉴스입니다. 교직원 전체가 세미나에 참가해야 하기에 정답은 '다음 주 목요일은 휴교다' 입니다. 학생들이 가장 관심 갖는 내용을 첫 머리, 즉 리드에 올려야 한다는 것이죠.

윤희숙 의원의 국회 본회의 〈5분 연설〉이 실시간 검색어에 오르내렸던 적이 있습니다. 첫 문장은 "나는 임차인입니다"라고 시작하죠. 정부의 부동산 정책을 조목조목 비판하는 내용이 주류를 이뤘지만, 대부분의 언론들은 제목으로 '윤희숙 나는 임차인입니다'을 뽑았습니다. 바로 연설문의 리드가 강렬한 인상을 남겼기 때문이죠.

노벨문학상 수상자 오르한 파무크는 '첫 문장!' "그것이 문제다"라고 말했지요.

10-10. 첫은 유혹! : 리드의 목적은 다음 문장을 읽게 하는 것이다

① 차 한 대가 갑자기 주유소 쪽으로 빠르게 다가오더니, 속도를 줄이지 못하고 뒤집힌 채 순식간에 주유소 건물을 덮칩니다.

② 모두 다른 곳에서 구입한 다양 가격대의 커피들입니다. 지나가는 분들께 어느 곳 커피인지 모르는 상태에서 맛있는 순서대로 얘기해 달라고 부탁했습니다

제목이 본편으로의 유혹이라면 첫 문장(리드)은 다음 화면을 계속 보게 하려는 목적이죠.

리포트 ①은 이른바 '승용차 주유소 습격사건'인데요. 당시 차가 뒤

집힌 채 주유소로 돌진하는 영상 장면을 첫 머리에 올렸죠.

시청자들은 당연히 어떻게 되었을까, 다음 장면이 궁금해집니다. 기사를 보면 가장 쇼킹한 장면을 리드로 시작해 시청자의 눈과 귀를 사로잡은 후, 인명 피해 유무, 사고의 개요, 사고원인을 보도하는 것이죠.

리포트 ②는 '커피 한잔 900원 … '이라는 제목의 뉴스인데요. 불황이 길어지다 보니, 일반 카페에서도 한 잔에 900원짜리 아메리칸 커피가 등장했다는 소식을 전하고 있습니다.

기자는 첫 머리에서 다양한 가격대의 커피잔을 놓고 길거리에서 실험을 하는 장면, 즉 행인들에게 블라인드 테스트를 시켜봅니다. 시청자들은 900원짜리 커피 맛이 실험결과가 어떻게 나왔을지 궁금해서라도 계속 뉴스를 지켜볼 겁니다. 물론 실험은 기획의도대로 900원짜리 커피 맛이 4,500원짜리 커피보다 결코 뒤지지 않음을 확인하면서 해피엔딩으로 마무리 짓습니다.(웃음)

가장 흥미로운 실험 장면을 리드로 잡고있는 것이죠. 뉴스도 이제 단순 전달을 넘어 보게끔 만들어야 되는 시대입니다. 시청자들이 첫 장면인 리드를 보다가 채널을 돌린다면, 제작자의 책임이 큽니다. 첫 문장의 목적은 두 번째 문장을 읽게 만드는 데 있습니다. 둘째 문장은 당연히 세 번째 문장으로의 유혹이 돼야 하겠죠.

"원자로가 지옥문을 열었다"

소설가 무라카미 하루키는 최악의 후쿠시마 원전 사고의 참상을 이렇게 단 한 줄로 표현했습니다. 참, 소설가다운 문학적 표현이죠.

사고 이후 나온 수백 수천 페이지의 어떤 보고서보다 폐부를 찌릅니다. 이런 문장을 리드로 올린다면, 부장님에게 얼마나 칭찬받겠습니까?(웃음)

강의 처음에 이성에게 반하는 순간이 4초 내에 결정된다고 했는데요. 또 콘텐츠를 볼지 여부를 판단하는 시간은 2초라고 말했죠. 처음 인상을 결정짓는 '첫 대면', '첫 장면'에선 강한 임펙트가 필요합니다. 임펙트는 어떻게 만드느냐? 그건 나도 모릅니다.(웃음)

다만 기획과 취재 단계에서부터, 무엇을 리드로 할지 고민해야 합니다. 답은 분명 현장에 있다는 사실입니다.

다음 주에 봐요 제발~!!

특강11

인간은 질문하다 사라진다

11-1. '킬러 Q ': 뻔한 질문하면 뻔한 답이 나온다

오래전에 이어령 박사가 TV에 출연해서 강연한 적이 있었는데요. 강연 중에 방청객 중 1명이 질문을 했습니다. 이어령 박사는 정색을 하며, 질문은 그렇게 하는 것이 아니라며, '질문하는 요령'을 먼저 강조하던 장면이 기억납니다.

이어령 교수는 2018년 '인공지능이 인간을 지배할 것인가?'라는 주제의 강연에서 "말하고 인간이 경주하면 인간은 반드시 진다. 말과 경주하지 말고 말에 올라타야 이길 수 있다"고 했습니다. 그러면서 "인간이 과연 인공지능을 올라탈 수 있느냐?"로 질문을 바꿔야 원하는 답을 찾을 수 있다고 강조했죠.

질문에 따라 답변이 달라지는 유명한 일화가 있습니다.

두 친구가 기도 중에 담배를 피워도 되는지 논쟁을 벌였다죠. 한 친구는 된다고 하고, 다른 친구는 안된다고 주장합니다. 결국 신부를 찾아가 묻기로 했다죠.

먼저 신부를 찾아간 한 친구가 "신부님, 기도 중에 담배를 피워도 되나요?" 질문했습니다. 신부는 '기도는 엄숙해야 한다'며 담배는 안된다고 답했습니다.

이번에는 다른 친구가 찾아가 신부에게 물었습니다. "담배를 피우면서 기도해도 되나요?" 신부는 잠시 머뭇하다가 답합니다. "때와 장소를 가리지 말고 늘 기도해야 된다"며 담배를 피우면서 기도하는 것이 가능하다고 말합니다. 신부님인데도 한 입으로 정반대되는 두 개의 답을 말하고 있지요.(웃음) '원하는 답을 얻으려면 질문을 달리 하라'는 이야기로 인용되곤 합니다.

『질문을 디자인하라』라는 기업 혁신을 다룬 책이 있는데요. 창의적인 아이디어는 핵심적인 질문에서 나온다며, 킬러Q(killer Question)의 중요성을 강조하고 있어요. 사실 책은 안 보고 인터넷 서평으로 읽어봤어요.(웃음)

책 표지를 보면 '뻔하고 명백하고 확실함을 넘어서'란 카피가 눈에 띄는데요. 결론은 뻔한 질문하면 뻔한 답이 나온다는 것이죠.

뉴스나 다큐 제작에서 인터뷰는 핵심요소이자 콘텐츠의 우열과 차이를 가져옵니다.

오늘 특강 주제는 '좋은 인터뷰'란 무엇인지 비교 분석해 보고, 또 좋은 인터뷰를 유도하기 위한 '질문의 기술'에 대해 생각해 볼까 합니다.

　기자들은 인터뷰할 때 원하는 답이 나오면 쾌재를 부르지만, 전혀 예상치 못한 답변이 나올 때도 쾌감을 느낍니다. 90년대 문화부기자 시절 리포트했던 뉴스 가운데, 화제가 됐던 두개의 인터뷰인데요. 사실 뉴스가 방송됐던 당시가 아니라 훗날 화제가 됐던 인터뷰들입니다.

11-2. 도발적인 질문이 없으면 … : 인상적인 답변도 없다

　'인터뷰 A'는 '연예계, 고학력자가 몰린다'라는 제목의 뉴스에서 MBC 신인 탤런트에 응모한 한 응시생의 인터뷰입니다.

　기자: 이번에 떨어지면 어떻게 할 건가요?

　응시생: 에휴. 죽어야죠 …

　응시생은 단도직입적으로 묻는 질문에 체념하듯, 아주 짧게 답했는데요. 누군지 알겠죠? 뉴스가 나간 지 6개월 후에 그녀는 드라마 「마지막 승부」에서 타이틀 롤을 맡아 단숨에 스타덤에 올랐죠. 바로 탤런트 심은하인데요. 톱스타가 되고 난 후. 이 뉴스 인터뷰가 예능프로그램에서 종종 자료 화면으로 등장하며 유명세를 탔습니다. 내가 톱스타의 무명 시절, 단독 인터뷰 한 대단한 기자인 셈입니다.(웃음)

사실 질문은 여러 개 던졌는데요. 정작 방송 뉴스에 나간 건 단 하나, 이 질문과 짧은 답변이었지요. 만약 "이번에 떨어지면 어떻게 할 건가요?"라는 다소 도발적 질문이 없었다면 "에휴, 죽어야죠 … "라는 답변도 없었을 겁니다.

'인터뷰 B'는 무려 18년 후에 빛을 본 '기분이 조크든요'라는 인터뷰죠. 앞선 강의에서도 잠시 소개했던 아주 유명한 인터뷰죠.(웃음)

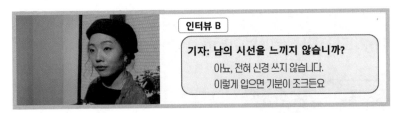

인터뷰 B

기자: 남의 시선을 느끼지 않습니까?
아뇨, 전혀 신경 쓰지 않습니다.
이렇게 입으면 기분이 조크든요

1994년 'X세대 패션'이란 제목으로 뉴스에 나갔는데요. 뉴스 인터뷰가 유행어가 되는 것도 드문 경우인데요. 요점은 "남의 시선을 느끼지 않습니까?"란 까칠한 질문이 없었다면 "전혀 신경쓰지 않는다"는 당돌한 답변도 안 나왔을 겁니다. 물론 '기분이 조크든요'라는 유행어도 탄생하지 않았을 겁니다.

11-3. '회장님의 기자회견' : 돌발질문이 뜻밖의 답을 건져내다

1994년 경제부기자 시절 성수대교가 붕괴됐었는데요. 며칠 뒤 최원석 동아그룹회장은 저녁 시간에 갑작스런 사과 기자회견을 열었습

당시 성수대교는 완벽하게 지어졌나요?
그러기 때문에 15년 흐른 게 아니냐

니다. 당시 뉴스데스크에 톱뉴스로 잡혀 있었지요. 회견장을 오고 가는 시간을 빼면 기사작성과 편집할 시간이 없었어요. 뉴스 내용이 중요한 게 아니라, 9시 정각에 뉴스를 내보는 게 시급했죠.

기자회견을 시작하자마자 가장 먼저 질문을 던지고, 회사로 돌아오는 도중 차 안에서 기사를 썼습니다.

기자: 당시 성수대교는 완벽하게 지어졌다고 생각하나요?

최회장: 그러기 때문에 15년 흐른 게 아니냐.

'당시 성수대교는 허술하게 날림으로 지어진거 아니냐?'라는 추궁성 질문에 '완벽하게 지었기에 15년 동안 아무 문제가 없었던 것 아니냐!'고 반문한 것이죠. 기자회견 시작하자마자 던진, 첫 돌발 질문에 무심코 속내를 드러낸 것입니다. 뉴스가 나가자마자 보도국에는 최회장에 대한 비난 전화가 빗발쳤습니다. "15년 만에 붕괴된 것이 어떻게 완벽한 것이냐"며 항의와 분노가 넘친 겁니다.

기자의 질문이란 어쩌면 취재원이 하고 싶은 이야기를 전하기보다는 취재원이 감추고 싶어 하는 부분을 들추는 데 있을 겁니다. 이날

최 회장은 '1,500억 헌납'이라는 통큰 기자회견을 열었던 것인데, 시간에 쫓겨 부랴부랴 던진 질문 하나에 회장님의 회견을 망쳐버린 셈이죠. 이 자리를 빌어 미안함을 전합니다.(웃음)

2004년 〈살다보니 … 〉란 휴먼다큐를 만들면서 101세의 할아버지를 만난 적이 있어요. 100세가 넘는 연세에도 불구하고 매일 동네 다방에 출근해 50대 마담과 이야기 나누는 걸 즐기는 어르신이었는데요. 살아온 세월을 인터뷰하던 중 "앞으로 계획이 무엇이에요?"라며 질문을 던졌어요. 할아버지는 "이 나이에 무슨 계획이 있어!" 하며 버럭 화를 냈었죠. 인터뷰 촬영 중에 스탭들은 현장에서 함께 웃음을 터뜨렸죠. 물론 방송에서도 소개됐지요. 인터뷰 도중에 다소 계산된 질문이었지만 질문 하나가 프로그램의 긴장을 불어넣기도 하고 때로 긴장을 풀어주는 요소가 되기도 하는 거죠.

11-4. 워딩 저널리즘 : 인터뷰는 뉴스를 발견하는(discovering) 도구다

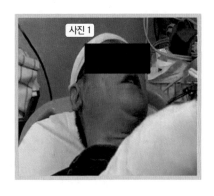

사진 1

사진 ①은 세월호 비극 당시 KBS 특보에서 나간 화면인데요.

병원 응급실로 갓 이송된 한 구조자 앞에 수십 개의 마이크들이 놓여 있어요. 환자는 지금 온몸에 붕대를 감고, 눈도 제대로 뜨지

못하는데, 기자들이란 이렇게 무심하고도 잔인한 사람들이에요.(웃음)

기자 세계에선 단독이나 특종 보도를 못해도 그럴 수 있다고 넘어가지만, 혼자서 물 먹으면 용서할 수 없다는 철칙 같은 게 있어요. '콩나물과 기자는 물을 먹고 자란다'는 말이 있지요. 문제는 콩나물은 물먹으면 쑥쑥 자라지만, 기자는 물을 많이 먹다간 조직에서도 완전 물먹는 신세가 된다는 것이죠.(웃음)

요즘 '워딩 저널리즘'(wording journalism)이라고 하는데요. 기자는 사람들의 '워딩'을 구하러 다니는 직업입니다. 정치인, 연예인 등 셀럽들의 한 마디는 뉴스 제목이 되곤 하지요. 국회현장에서 보면 기자들은 한 마디 워딩을 캐치하려고, 몇 시간동안 '뻗치기'와 몸싸움을 불사합니다.

오죽하면 사진 ②에서 보듯 입 속으로 마이크를 집어넣겠어요.(웃음) 여러분도 물먹지 않으려면 다 저렇게 하게 돼 있습니다.(웃음)

박성희 교수는 저서 『현대 미디어 인터뷰』에서 "인터뷰는 뉴스를 단순히 모으는(gathering) 도구가 아니라 발견하는(discovering) 도구다"라고 말했습니다.

실제 취재를 하다 보면 '인터뷰이'가 예상 밖의 얘기를 발설하거나 새로운 사실을 털어놓는 경우가 적지 않습니다. 취재에 나설 때는 당초 기획했던 의도와 포커스에 너무 집착하지 않도록 하세요. 스스로 설정한 프레임에 갇히지 말라는 얘기죠. 준비한 질문만 하지 말고 후속 질문을 던지다 보면 새롭고 의외의 뉴스를 발견할 수 있을 겁니다. 통상 후속 질문에서 '알짜배기' 인터뷰가 나오는 경우가 많지요.

기사를 쓸 때 뭔가 자신의 주장을 하고 싶을 때가 있는데요. 절대 주장하지 마세요.(웃음)

모든 기사는 3인칭 관찰자 시점으로, 객관적 서술이 바탕이 돼야 합니다. 기자가 주장이나 관점을 전하고 싶다면 인터뷰를 통해, 티나지 않게 주관적 입장을 전하는 포장술이 필요해요. 인터뷰는 타인의 말을 인용했을 뿐, 기자가 전하고 싶은 기사이기도 합니다.

11-5. 남의 이야기 VS 나의 이야기 : 인터뷰가 우열을 가른다

'취업만큼 힘든 입대'란 제목으로 두 방송사가 보도한 인터뷰입니다. 모두 국방부 국정감사에서 나온 자료를 바탕으로 취재했습니다.

제목이나 구성 내용도 비슷하고 대학가를 취재했다는 점이 똑같습니다. 다만 인터뷰에서는 전달 내용은 비슷해도 차이를 보이고 있는데요.

인터뷰 ①은 주변 친구들의 간접 경험을 예를 들었고, 인터뷰 ②는 직접 신청해서 떨어진 당사자의 경험을 말하고 있습니다.

내용은 같지만 시청자들이 느끼는 '리얼리티'는 확연히 차이가 납니다. 다른 사람의 이야기를 재인용하면 흥미가 떨어지지만, 자신의 이야기를 하면 훨씬 생생하고 주목도가 높게 마련입니다. 개그맨들이 남들의 에피소드를 마치 자신의 것인 양 말하잖아요.

매일 아침 보도국에서는 부장단 편집회의가 열리는 데요. 전날 타사의 뉴스를 모니터해서 자사 뉴스와 비교하며 품평회를 하곤 합니다. 자사의 단독 기획기사인 경우 통상 '좋았다', '별로다'라며 넘어가곤 합니다. 비교대상이 없기 때문이죠. 하지만 똑같은 보도자료를 소재로 뉴스를 만들 경우, 타 방송사 뉴스와 비교를 하면서 품평을 하곤 하는데요. 결국 '누가 생생하고 인상적인 인터뷰를 따오느냐'에서 우열이 판가름납니다. 인터뷰란 바로 콘텐츠의 차별성을 확보하고 우열을 결정하는 도구인 것이죠. 적당히 또 대충 인터뷰하면 그저 그런(one of them) 뉴스가 돼 버립니다.

11-6. '직설' 인터뷰는 카타르시스를 느끼게 한다

사드배치문제로 중국이 '한국 단체관광' 전면 금지라는 조치로 보복을 본격화했다는 뉴스가 있었죠. 이에 대해 방송 뉴스들은 시민 인

터뷰로 반응을 담았습니다.

'인터뷰 A'는 "우리도 똑같이 눈에는 눈 이에는 이, 우리도 중국을 가지 말아야겠다"고 똑 부러지게 분노를 표시합니다.

'인터뷰 B'는 "우리한테 위협을 주고 해서 별로 가고 싶지 않은 …" 라며 담담하게 반중 의사를 내비칩니다. A와 B 중 어느 인터뷰가 시청자의 눈과 귀에 쏙 들어올까요?

"눈에는 눈, 이에는 이"라며 함무라비 법전을 인용한 인터뷰가 훨씬 감성을 자극하고 시민들의 분노를 대변합니다. 직설적인 목소리는 통쾌하면서도 시청자에게 카타르시스를 선사합니다. 인터뷰에 따라서 댓글의 반응은 폭발적으로 나타납니다. 보통 기자들은 이렇게 기획의 도에 똑 떨어지는 인터뷰를 하게 되면, 기분 좋게 철수하죠. 말이 그렇지, '거리인터뷰'에서 입맛에 딱 맞는 인물을 만난다는 게 쉽지 않지요. 10초 내외 짧은 인터뷰 1-2개를 건지기 위해 10명 가까이 시민들을 인터뷰하면 카메라기자가 짜증내곤 하죠. 내가 바로 짜증 유발자입니다.(웃음)

그래도 마음에 드는 인터뷰가 나올 때까지 시도해야 뉴스가 빛을 발합니다. 뉴스와 인터뷰에 대한 결과물이 좋고 주변 평가가 괜찮다면, 스탭들도 리포터를 인정합니다. 인정을 받아야 다음 번에 오래 인터뷰한다 해도 덜 짜증냅니다.

11-7. 화제의 애국가 : 꼭 필요한 인물은 기필코 섭외하라

지금은 은퇴했지만 바바라 월터즈는 '인터뷰의 여왕'으로 불립니다.
1980~90년대 남자들만의 기자 세계에서 성공한 최초의 여성으로 꼽히죠. 쿠바의 카스트로, 리비아의 카다피, 이란의 팔레비 국왕, 이집트의 사다트 대통령 등 세계의 독재자들과의 인터뷰를 성사시킨 것으로 유명합니다.

무엇보다 1992년 존 레논의 암살범 채프먼과익 인터뷰(화면1)를 성공시키면서 더욱 그의 존재감을 확인했죠. 바바라 월터즈는 세기의 인터뷰를 성사시키기 위해 감옥에 있는 살인범에게 무려 12년 동안 편지를 썼다고 합니다. 말이 12년이지, 나 같으면 한두 번 섭외하다 안되면 포기합니다.(웃음)

인터뷰 안하겠다는 사람 설득하는 것만큼 짜증나는 일도 없거든요. 기자생활 중 딱 한 번, 끈질기게 섭외한 적이 있습니다. 그것도 두 차례 집까지 찾아가서 인터뷰를 요청한 경우가 있습니다. 2007년, 대선을 앞두고 정치세계의 비정함과 무상을 다룬 다큐멘터리 〈달콤 쌉싸래한 인생〉을 취재하던 시절입니다.

1997년 김영삼 대통령의 오른팔이었고 내무부장관을 지냈던 최형우 씨가 대통령 출마를 선언한 이후 갑자기 뇌졸중으로 쓰러졌습니다. 당시 10년의 세월이 흘렀지만 그를 꼭 인터뷰하고 싶었습니다. 2인자로 잘 나가다 병마 앞에서 대통령 도전을 포기해야만 했던 그를 통해 정치무상을 담고 싶었던 것이죠. 가족들은 최 씨가 몸이 여전히 불편하고 뇌졸중 후유증으로 말이 잘 안 나온다면서, 한사코 인터뷰를 고사했지요. 인터뷰 요청을 하면서 과일과 꽃다발을 사들고 집까지 찾아간 것은 30년 기자생활 중 처음이자 마지막이에요.(웃음)

화면 1

결국 인터뷰(화면2)는 성사됐고, 최형우 씨는 한 마디 한 마디 힘겹게 말을 이어갔습니다. 인터뷰가 끝나갈 즈음 "혹시 즐겨 부르는 노래가 있나요?"라고 가볍게 질문을 던졌습니다. 최 씨는 갑자기 애국가를 불렀는데요. 준비하지 않은 즉석 질문을 던졌는데, 애국가를 부르리라곤 상상도 못했어요. 더욱 놀라운 것은 힘들게 한 단어 한 단어 띄엄띄엄 인터뷰를 하던 최 씨가 너무나 또렷하고 그것도 우렁차게 애국가를 부르더라고요. 다큐 방송이 나가고 주변 반응과 댓글에는 단연 최 씨의 애국가가 최고의 화제였죠. 덕분에 방송위원회 '이달의 프로그램상'을 수상하기도 했어요.

끈질기게 섭외를 한 보람이 있었던 것이죠. 드라마에서 작품에 딱 맞는 연기자를 캐스팅하는 것이 흥행 여부를 좌우하듯, 뉴스와 다큐에서도 빛이 나려면 꼭 나와야 하는 인물이 있어요. 꼭 필요한 인물은 기필코 인터뷰를 성사시켜야 상장과 상금을 받습니다.(웃음)

11-8. 기자는 사라져도 인터뷰는 남는다

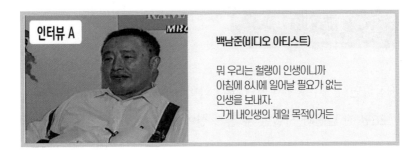

인터뷰 A

백남준(비디오 아티스트)

뭐 우리는 헐렁이 인생이니까
아침에 8시에 일어날 필요가 없는
인생을 보내자.
그게 내 인생의 제일 목적이거든

내가 인터뷰했던 사람 중 가장 기억에 남는 사람 중 한 명은 비디오 아티스트인 백남준(인터뷰A)이에요. 백남준은 인터뷰에서 "아침 8시에 일어날 필요가 없는 게 인생의 목표"였다고 말합니다. 내가 꿈꾸던 인생 목표와 아주 정확히 일치했었죠.(웃음)

사실 우리 모두 출·퇴근 없는 자유로운 영혼을 동경하잖아요. 아침 8시에 일어날 필요가 없는 인생을 사는 두 가지 방법이 있어요. 하나는 백남준처럼 성공해서, 부와 명예를 거머쥔 셀럽이 되는 거죠. 또 나처럼 회사를 퇴직하면 누구도 아침 8시에 깨우질 않습니다.(웃음)

집에선 존재감도 사라지고, 영원히 잠들기를 바라는 건 아닌지 모르겠어요.(웃음)

문제는 노화 현상으로 새벽이면 저절로 눈이 떠진다는 거죠. 정작 일찍 일어날 필요가 없는 인생이 됐는데, 환장할 노릇입니다.(웃음)

기억에 남는 또 하나의 인터뷰는 〈사별〉이란 특집 다큐 프로그램을

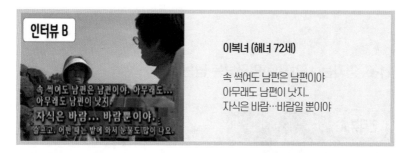

인터뷰 B

이복녀 (해녀 72세)

속 썩여도 남편은 남편이야
아무래도 남편이 낫지..
자식은 바람…바람일 뿐이야

제작하면서 제주도에서 만난 해녀 할머니(인터뷰B)의 이야기입니다.

26년 전 남편과 사별한 후 혼자 살아왔다는 할머니는 살아생전 남편과 무던히도 싸웠다고 하는데요. 하지만 아무리 속을 썩여도 남편은 남편이라며 지금도 밭일을 하면서 눈물을 훔치곤 한다고 말합니다. 그리고 "자식은 바람. 바람일 뿐이야" 하며 혼잣말처럼 툭 한 마디 던집니다. 당시 다큐에선 많은 사람을 인터뷰했는데, 유독 해녀 할머니의 인터뷰를 기억하는 사람이 많아요. 젊은 시청자들도 '부모님이 나를 스쳐가는 바람처럼 느끼겠구나' 하는 생각이 들게 만들었던 모양입니다. 이런 인터뷰를 하게 되면 기분이 참 좋아요. 인터뷰를 한 기자는 기억에 남지 않아도, '좋은 인터뷰'는 시청자의 뇌리에서 쉽게 사라지지 않는 법이죠.

인터뷰의 황제 래리킹은 인터뷰 최고의 기술은 "경청"이라고 말하는데요. 래리킹은 "과잉 준비하지 않고 그때그때 시청자가 알고 싶은 걸 즉흥적으로 묻는다"고 합니다. 나도 예전엔 수첩에다 질문을 빼곡히 준비해 가곤 했는데, 그러다 보니까 답변을 듣기보다는 질문을 하는 것에 급급하게 되더라고요. 인터뷰의 궁극적 목적은 좋은 답변을 얻기 위해 하는 것이지, 준비한 질문을 하러 가는 게 아니에요.(웃음)

과제로 제출한 기획기사 인터뷰 중에서 3개를 뽑아 봤는데요. 졸업을 앞둔 대학생들의 현재와 미래에 대한 고민과 불안이 리얼하게 담겨져 있어요. 바로 대학생들의 우울한 심정이 그대로 느껴집니다.

'인터뷰 A'를 보면 "앞으로 뭐 할거니?" 이런 질문 받는 게 대학생들을 가장 골지르게 하는 모양이죠? 사실 나도 묻고 싶었는데, 입 다물고 있어야겠어요.(웃음)

인터뷰 A

이혜정 (대학4년)
이제 뭐할거니? 이런 거 많이 물어보잖아요,
그러면 숨이 턱 막혀요.

'그런 질문을 받으면 숨이 턱 막혀요'라는 인터뷰는 맥락도 없이 물어보는 기성세대에 대한 왕짜증을 재치 있게 표현하고 있어요.

'인터뷰 B'는 "나이가 젊어서 우울한 것이 아니라 이 시대가 답이 없으니까 우울하다"며, 20대의 현주소를 아프게 진단하고 있는데요. 이런 인터뷰는 기존 방송사 뉴스에서도 들어본 적이 없습니다.(웃음)

인터뷰 B

방수민(대학4년)
답이 없으니까 우울한 거지,
이 나이대가 원래 우울한 게 아니
라…

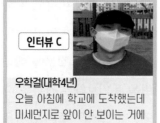

인터뷰 C

우학걸(대학4년)
오늘 아침에 학교에 도착했는데 미세먼지로 앞이 안 보이는 거에요. 그래서 짜증났어요. 뿌연 하늘이 나의 미래 같아요.

'인터뷰 C'는 "미세 먼지로 뿌연 하늘이 자신의 미래를 보는 것 같다"고 말하는데요. 여러분의 과제 리포트를 보면 이 남학생은 인터뷰 여러 곳에 등장하고 있어요. 아마도 학생들 사이에서 '인터뷰이'(interviewee)로선 인기짱인 모양입니다.(웃음)

이 남학생은 비유적으로 표현해야 자신의 인터뷰가 뉴스에 나간다는 것을 아는, 아주 방송감각이 탁월한 학생인거죠.(웃음)

실제 말이나 글은 은유와 비유를 쓰면 훨씬 고급스럽고 공감력을 배가시킵니다. PPT에 소개된 3명의 '인터뷰이'들은 상당히 언어감각이 톡톡 튀는 학생들이죠. 비록 과제 리포트이기는 하지만 인터뷰 대상을 섭외할 때 누가 맛깔스럽게 인터뷰를 해줄 것인지, 누가 최적의 인물인지 선정하느라 고민 많았죠?. 또 인터뷰 안 하겠다는 친구를 설득하느라고 커피도 사주면서 얼마나 사정사정했겠어요?(웃음)

맛깔스럽고 톡톡 튀는 인터뷰를 원한다면 친구 사이에서도 애원을 하고 투자를 해야 성사된다는 교훈을 얻었을 겁니다.

11-9. 공감을 불러오든지.. 공분을 일으키든지 : 둘 중에 하나만큼은 …

인상적인 인터뷰 몇 개 더 볼까요?
과제로 〈기획 리포트〉를 내라고 했더니 '과제의 현황과 문제점'을 주제로 제출한 학생들이 많네요.(웃음) 여러분이 제출한 리포트에서 인터뷰를 보다 보면, 대학생들이 얼마나 과제에 시달리는지 생생하게 보여줍니다.

'인터뷰 A'는 '과제와 팀플을 하다보면 한 학기가 순삭된다'고 하소연합니다. 순삭이 무슨 말인가 했더니 '순간 삭제' 더군요.(웃음)

인터뷰 A

강수진 (대학4년)
중간고사 이후로 과제랑 팀플로 다이어리가 꽉 차있어요.
정신없이 따라가다 보면 학기가 순삭되겠죠?

리포트 제목을 '가을은 '순삭'의 계절'이라고 붙였는데요. 바로 이 인터뷰에서 제목 아이디어가 나온 거 아닌가요?(학생 "맞습니다.") 제목이 잘 떠오르지 않으면 이렇게 인터뷰에서 따오면 됩니다.

'인터뷰 B'는 색다른 맛을 전해줍니다.

요즘 캠퍼스의 낭만이 사라지는 현실을 재밌게 전하고 있죠. "중간고사도 끝나고 막걸리 한잔 하고픈데, 과제 때문에 포기해야 한다"는 인터뷰에 폭풍 공감하나요?(웃음) 공감이 가는 인터뷰에는 귀를 기울이게 마련입니다.

인터뷰 B

김예진 / 24세
이런 날엔 막걸리 한잔 마시면 좋은데. 중간고사 끝나고 조별과제가 몰려서요. 이다음에도 (조별과제가) 또 있어요.

'인터뷰C'는 지금 영상을 보면서 함께 웃었듯이, 목소리가 직설적이고 격앙돼 있어요.(웃음)

아마도 여러분의 분노를 가장 잘 대변한 인터뷰인거 같네요. 교수 한 명이

인터뷰 C

김도영 / 대학 4년
아니 교수님은 다른 교수님들도 과제를 내주는 줄 모르시나봐요. 과제가 진짜 너무 많아요.

보통 한 학기에 2~3개의 과제를 내주는데, 학생들 입장에선 10여 개가 넘는 과제를 해야 된다는 것이죠. "다른 교수들도 과제 내주는 것을 전혀 모르는 모양이다"라고 통탄합니다. 나한테 한 방 먹이는 소리인 거 같아서 속으로 뜨끔했어요.

교수를 대표하여 이 자리를 빌어 사과드립니다.(웃음)

이렇듯 리포터 자신이 강조하고 분노하는 메시지를 전하고 싶을 때 기사로 주장하지 말고 인터뷰를 통해 전달하면 훨씬 효과가 큽니다. 인터뷰 하나가 뉴스 보는 재미를 선사하고 뉴스의 의미를 불어넣습니다.

인터뷰는 보는 이들의 공감을 불러오든지 공분을 일으키든지 둘 중 하나여야 합니다. 취재한 인터뷰 내용이 아주 흥미롭다면 사실 기사쓰기는 어렵지 않지요. 인터뷰를 중심으로 기사를 잘 엮어내면 됩니다. 나 같은 경우는 가장 중요하고 흥미로운 인터뷰들을 쭉 펼쳐놓고 구성을 짭니다. 기자에게 취재의 핵심은 인터뷰가 시작과 끝이라고 볼 수 있지요.

리처드 피어는 좋은 '인터뷰어'란 마음이 따뜻하고, 상식과 균형을 갖춘 한편, 눈치가 빠른 사람이라고 말했습니다. 나를 두고 하는 말인 줄 알고 깜짝 놀랐어요.(웃음)

내 경험상 셋 중에서 눈치가 빠른 사람이 가장 좋은 인터뷰를 따옵니다. 눈치가 빠르다는 것은 순간 포착의 감각이 있다는 뜻이죠. 보통 첫 질문에서는 원하는 답변을 얻기 힘듭니다. 답변을 들으면서 순간적으로 감이 오는 경우가 있습니다. 경험상 그 때를 놓치지 말고 후속질문을 치고 들어가세요. 통상 좋은 답변은 후속질문에서 나옵니다.

칠레 시인 파블로 네루다는 "우리는 질문하다 사라진다"고 말했죠.

인간에게 질문이란 배움의 과정이지만, 저널리스트에게 질문은 진실을 추구하는 과정에 다름 아닙니다. 결국 질문 속에서 답을 찾아내야 합니다. 인간과 세상에 대한 의심의 끈을 놓지 말고 집요하게 질문하세요. 단, 스스로의 판단력과 객관성에 대한 자문도 빼놓지 마세요. 기자들은 모든 것을 의심하면서도 정작 자신의 편견과 독선에 대해선 전혀 의심하지 않아요.(웃음)

다음 주에 봐요 제발~!!

특강12

'스토리'가 단순 사건을
빅뉴스로 만든다

'스토리'가 단순 사건을 빅뉴스로 만든다

12-1. 개그맨과 사기꾼의 공통점? : 인간은 이야기가 없으면 괴로워 하는 짐승이다

개그맨과 사기꾼의 공통점은 무엇일까요?

사기꾼과 빗대면 개그맨들이 화나겠지만요.(웃음) 둘의 공통점은 배우자가 미녀라는 겁니다. 인터넷에서 확인해 보면 개그맨들의 배우자는 분명 미인이 많습니다. 또 미모의 연예인들이 사기결혼 당해 탈탈 털리고 결국 이혼한 사례가 언론에 종종 등장하는 걸 보면, 사기꾼도 미녀를 낚아채는 고수라 볼 수 있겠죠. 개그맨과 사기꾼이 미녀를 차지하는 비결은 소위 썰을 풀어나가는 기술, 즉 이야기를 만드는 재주가 비상하다는 점입니다. 이들은

MSG를 치고 양념을 섞어가며 상대방을 무장해제시키는데 탁월한 재능을 가진 사람들이죠. 똑같은 얘기를 해도 맛이 다르고 주변의 시선을 장악합니다. 누군가 '인간은 이야기가 없으면 괴로워하는 짐승'이라고 말합니다. 그래서 이야기를 지어내기도 하고, 밤새 이야기에 빠지곤 합니다. 물론 지루한 강의를 3시간씩이나 듣는 것보단 침묵이 훨씬 낫겠지만요.(웃음)

"이야기는 숫자보다 강하고 주장보다 강하다."

케이블TV에서 방송됐던 〈알쓸신잡〉이란 프로그램에 작가 유시민과 소설가 김영하가 출연했었죠.

두 사람 모두 지식의 양과 말빨에선 누구에게도 뒤지지를 않지요. 유시민은 숫자에 강하고 논리적이고 자기주장이 확실한 사람입니다. 어쩜 저렇게 모르는 게 없고 확신에 찬 어조일까. 감탄할 정도예요. 그렇다고 닮고 싶다는 생각은 들질 않아요.(웃음)

"그가 입을 열면 집중해서 듣게 된다. 열중하게 된다.
귀를 기울이고 싶은 다정다감한 목소리, 뇌를 기울이고 싶은 이야기"

자유기고가인 김종성이 〈오마이뉴스〉를 통해 소설가 김영하의 매력을 소개한 글인데요. 실제 TV를 보면 김영하는 마치 이야기 창고가 있는 듯 번뜩이는 얘깃거리를 하나씩 끄집어내며 상대방을 무장해제시킵니다. "이야기는 숫자보다 강하고 주장보다 강하다"는 말을 실감케 합니다.

모임에 나가 얘기하다 보면, 주변 반응이 신통찮을 때가 있어요. 김영하처럼 다정다감한 목소리로 말하면 더욱 주목을 안 해요.(웃음) 김영하와 같은 콘텐츠가 없기 때문이기도 하겠지만, 무엇보다 콘텐츠를 이야기로 풀어나갈 재주가 없기 때문이리라 생각됩니다.

오늘은 말과 글에서 스토리는 얼마나 효과가 있는지, 스토리는 왜 잊혀지지 않는지 그리고 콘텐츠에서 스토리텔링을 어떻게 적용할 것인지 함께 공부해 보자구요.

12-2. 여수 앞바다와 산수유 : 이야기가 있는 자가 시장을 지배한다

지금 세상은 온통 '스토리'를 강조하고 있습니다. 지자체마다 관광상품 볼거리에 스토리텔링을 접목하는 것이 유행입니다.

"여수 밤바다 이 조명에 담긴
아름다운 얘기가 있어
너와 함께 걷고 싶다
이 바다를 너와 함께 걷고 싶어"

여수하면 장범준의 노래(사진1) 「여수 밤바다」가 떠오릅니다. 다들 아는 「여수 밤바다」의 가사 중 일부죠. 여수시는 재빨리 가사를 차용해 스토리텔링 작업에 착수했습니다. '낭만버스' '낭만포차' '낭만버스킹'이란 이름을 붙이며, 여느 바다와 다를 바 없는 여수의 밤바다를 낭만의 상징으로 만들었습니다. 낭만의 밤바다를 너와 함께 걷고 싶다는 스토리는 젊은이들의 감성을 자극하면서 '왠지 꼭 한 번 들려야 할 곳' 같은 명소가 됐습니다. 장범준의 노래 「여수 밤바다」가 여수를 먹여 살렸다는 말이 나올 정도입니다.

오래전 한 건강식품 회사 최고경영자(사진2)가 산수유 CF에 직접 출연해 대박을 터뜨린 적이 있었는데요.

"남자한테 참 좋은데 … 직접 말하기도 그렇고"라는 키치하고 푸념 섞인 광고 카피가 당시 인터넷을 달궜었죠. 이 광고는 제품의 기능이나 효능을 설명하지 않고 있는데요. 뭐라고 설명할 방법이 없다고 하니까, 오히려 묘한 상상력을 불러일으킵니다.(웃음) 마치 대단한 비밀이 숨겨져 있는 것처럼 슬쩍 흘리고 있습니다. '경험과 상상'으로 소비자를 유혹하는 것이죠. 광고는 당시 베스트셀러 저자이기도 한 김영식 회장의 개인 스토리와 맞물리면서 스토리텔링의 효과를 톡톡히 봤는데요. 단돈 2,000만 원으로 제작된 이 광고로 40% 이상의 매출 신장을 가져왔다고 하죠.

미래학자 롤프 옌센은 이젠 정보가 아니라 스토리를 가진 자가 세상을 지배한다고 강조한 바 있습니다. 지배하지 않으면 지배당한다는 말이 있습니다. 세상을 지배하진 못하더라도, 샐러리맨으로 허구한

날 이리 치이고 저리 치이며 살고 싶지는 않겠지요. 지금부터라도 나만의 스토리를 잘 계획하고 만들어나가길 응원합니다.

12-3. 명품 사과와 커플 사과 : 스토리를 입혔더니 6배의 효과가 나타났다

예전에 EBS에서 밸런타인데이를 맞아 길거리 실험을 했는데요.

한쪽 판매대에서는 '명품사과'라며 2개 묶음으로 2,000원에 판매했고, 또 다른 판매대에서 '커플사과'라며 2개를 2,000원에 팔았습니다. 어느 판매대가 많이 팔렸을까요? 무려 6배 차이로 커플사과가 많이 팔렸답니다.

누가 '사랑의 노래만 듣고 키웠다'는 얘기를 믿기나 하겠어요? 단지 '사랑이 이루어지는 커플사과'라고 하니, 커플들이 몰려든 거죠. 남자들 입장에선 단돈

사랑이 이루어지는 커플사과가 왔습니다. 사랑의 노래만 듣고 키웠습니다

값도 싸고 맛도 좋은 명품사과가 단돈 천원에 여러분 모시고 있습니다

2,000원으로 커플인증까지 받을 수 있으니 얼마나 좋겠어요.(웃음)

단순히 '명품사과'만을 강조해서는 주목을 받기 쉽지 않지요. 판촉에 있어서도 스토리를 입히면 사람들의 이목을 집중시키고 효과 만점

이라는 사실을 실험은 보여주고 있지요.

"「미생」에는 주의 주장이 아니라 이야기가 가득 담겨있다"

몇 년 전에 「미생」이라는 드라마가 히트 친 적이 있었는데요. 「미생」은 비정규직 노동자의 비애라는 노동이슈를 다뤘는데, 의외로 시청자들의 공감과 반향을 불러왔습니다. 사실 원작자는 처음 지상파에 제안했다가 '러브라인'이 없다며 거절당해 케이블과 계약했다고 하죠.

"왜 기사를 아무리 써도 「미생」 같은 공감을 끌어내지 못할까?"

인터넷매체 〈미디어오늘〉에서 이런 기사를 본 적이 있는데요. 드라마 「미생」이 공감을 얻는 이유는 주의 주장이 아니라 이야기가 가득 담겨 있기 때문이라는 것이죠. 파업 뉴스 화면을 보면, 노사 양쪽의 주장과 공방만 나열하고 있어요. 보고 나면 삭발과 빨간 머리띠만이 기억에 남아 있어요. 사람들은 옳은 사람의 말보다는 좋은 사람의 말을 듣는다고 하죠. 기사에도 '옳은 기사'와 '좋은 기사'가 있는데, 시청자들은 똑똑한 '옳은 기사'보다는 이야기가 있는 '좋은 기사'에 더 솔깃하게 마련입니다.

아무리 노동문제를 똑 부러지게 기사화해도 아무도 관심 없고 누구의 공감도 이끌어내지 못한다면, 그냥 하루의 기록물로 남긴다는 것 외에 무슨 의미가 있는 걸까요?

12-4. 짧은 기사에도 얼굴이 있다

저널리스트를 꿈꾼다면 드라마처럼 기사 쓰는 방식을 고민해야
니다. 드라마처럼 기사를 쓰기 위해서는 스토리라인과 주인공이 필
요합니다. 1분30초 짧은 뉴스에도 스토리는 공감과 흥미를 불러옵
니다. 스토리라인을 어떻게 짜야할지, 어떤 주인공을 내세워야 할지를
늘 염두에 두고 취재에 임해야 한다는 거죠.

하나는 TV 리포트 기사이고, 하나는 신문 기사입니다.

'사례1' '임신부 출퇴근 배려
없는 고생길'이란 제목의 방송
뉴스는 임신부들의 고단한 출
퇴근 길을 다루고 있는데요. 기
사는 한 임신부의 짧은 이야
기로 시작합니다. 버스에 올라
타니 좌석은 이미 다른 사람들
이 차지했고, 자리를 양보할 기

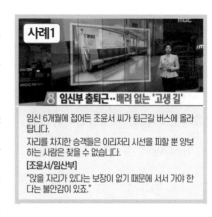

색은 보이질 않습니다. 사례자의 인터뷰는 서서 가야한다는 불안감을
담고 있지요. 이렇게 1분30초 방송 뉴스이지만 이야기를 만들기 위해
'얼굴'을 내세웁니다.

기자나 PD들은 아이템이 결정되면, '사례자' 구하는 일에 사활을
겁니다. 주변 동료와 지인들을 통해 출퇴근하는 임산부가 있나 수소
문하거나, 못 찾으면 현장에서 소위 '맨땅에 해딩'에 나섭니다. 솔직히
아침에 출근하는 임산부를 찾는 일이 쉽겠어요? 요즘 임신부들은 아
기를 가진 티도 잘 안 나잖아요.(웃음)

어렵게 임신부를 발견한다 해도, 쉽게 인터뷰에 응하지도 않지요.

사례2

**탄핵不和 … 예비 처가와
상견례도 미뤘다**

6월 결혼식 날짜를 잡은 회사원 노모(28)씨
는 원래 3월 초에 하기로 했던 양가(兩家) 상
견례를 미뤘다.
가족이 전부 탄핵을 지지하는 노씨 집안과
달리 예비 신부 집안은 탄핵에 반대하는 '태
극기 집회'에 참가하고 있기 때문이다.

그래도 기자들은 기어코 인터뷰를 성공시키며, 주인공으로 리드에 올립니다.

'사례2'는 '탄핵불화 … 예비 처가와 상견례도 미뤘다'는 제목의 조선일보 기사인데요.

기사에선 양가 상견례를 미룬 이유가 박근혜 전(前)대통령 탄핵에 대한 양쪽의 시각차 때문이라고 하죠. 신랑 쪽은 열렬한 촛불 집회 참여파, 신부 쪽은 태극기 집회 찬성파이기에 서로 얼굴을 마주하기조차 싫었던 모양입니다.(웃음)

당시 탄핵 정국이 얼마나 우리 사회를 갈라놓았는지, 얼마나 심각한 후유증을 남겼는지 단적으로 보여주는 사례죠.

두 개의 에피소드는 기사 전체에서 보면 분량이 아주 짧아요. 하지만 이야기는 시청자와 독자에게 현실(reality)을 체감케 하고 구체성을 담보합니다. 어느 매체가 보도했는지, 또 리포트 하는 기자가 누군지는 관심 없어도 사례자의 이야기에는 주목합니다. 짧은 기사에서도 얼굴을 내세우는 이유입니다.

12-5. '크림빵'이 쏘아 올린 작은 공 : 단신 뉴스를 빅뉴스로 만든다

2015년 청주에서 발생한 일명 '크림빵 아빠 사고'의 기사 중 일부

한국 지역언론 대상 최우수상

크림빵 아빠 사고 (충청일보 신정훈기자)

아내(26)는 "그 날 남편이 퇴근하며 전화했다.
좋아하는 케이크대신 크림빵을 샀는데
미안하다"라며 말을 잇지 못했다.

입니다. 한 예비아빠가 귀가 길에 뺑소니 차량에 치여 숨졌다는 뉴스
죠. 어찌 보면 늘 주변에서 벌어지는 단순 교통사고의 하나입니다. 기
사를 보면 남편은 아내를 위해 크림빵을 사가지고 오다 참변을 당했
습니다. 아내는 충청일보와의 인터뷰에서 "남편이 퇴근하면서 전화를
걸어와 케이크 대신 크림빵을 샀는데 미안하다"고 얘기했다지요. 아
마 남편은 케이크 살 형편이 안돼, 크림빵으로 대신 했던 모양입니다.

이 보도는 국민적 공분을 샀고, 네티즌 수사대까지 수색에 나서자
범인은 결국 자수했습니다. 한 지방지의 작은 기사가 전 국민의 관심
을 불러일으키며 '사회적 사건'이 된 거죠.

일명 '크림빵 사건' 보도는 한국 지역언론대상 최우수상을 수상했
는데요. 돈이 모자라 아내가 좋아하는 케이크 대신 '크림빵'을 샀다는
슬픈 사연이 파장을 일으키지 않았다면, 아마 누구도 주목하지 않았
을 테고 여전히 미제 교통사고로 남았을지도 모르는 일입니다.

석학 이어령은 소설을 읽을 때 "작은 부스러기들에 눈을 돌려보라"
고 말합니다. 그 속에 놀라운 자료들이 숨어 있다며, 그래서 소설은

대설이 아니라 소설이라고 역설합니다.

특종기사를 쓰고 싶나요? 큰 상을 받고 싶나요?

작은 이야기가 큰 뉴스를 만든답니다. 작은 부스러기 속에 특종과 여러분이 좋아하는 상금이 숨어 있어요.(웃음)

12-6. "바다가 보고 싶다" … 1줄의 사연 : 이야기의 발견은 뉴스의 확장이다

대낮 음주운전은 <바다 구경이 소원>이라던 한 가족의 소박한 꿈마저 앗아갔습니다

대낮 '만취' 트럭에 일가족 참변

대낮에 만취한 트럭 때문에 아내와 3살 난 딸의 목숨을 앗아간 교통사고도 시청자들의 울분을 샀죠. 먹고 살기 바쁘던 남편은 '바다 구경이 소원'이라는 가족과 함께 출장길에 나섰다가 참변을 당한 것인데요. 한 방송은 기사에서 '바다가 보고 싶다'는 가족의 사연을 소개하면서 보는 이들의 마음을 짠하게 만들었습니다.

다음 날 일간 신문은 이례적으로 '살인 흉기 음주트럭 완전히 사라지게 하라'는 사설까지 실었었죠. TV 뉴스와 신문 사설 모두 '바다가 보고 싶었다'는 스토리를 강조하고 있어요.

사건 사고 기사에서 사상자 규모나 원인을 보도하는 건 '뉴스의 기본'입니다. 하지만 이야기의 발견은 '뉴스의 확장'입니다. '바다가 보고 싶다'는 단 1줄의 사연이 시청자를 울리고 공분을 불러옵니다. 또 단신 기사를 사회면 톱기사로 키워줍니다.

미국에선 보통 기사라고 하면 'News story' 또는 줄여서 'Story'라고 한다죠. 여성 최초로 뉴욕타임즈 CEO로 취임했던 자넷 로빈슨 회장은 "스토리텔링의 강화는 뉴욕타임즈의 핵심독자 어필전략"이라고 선언한 바 있습니다.

미국의 전직 기자이자 언론인 교육 담당자인 알 톰 킨즈는 "좋은 기사를 쓰려면 시청자의 심장을 겨냥하라"(aim for the heart)고 했는데요. 이야기만큼 심장을 겨냥하는 것도 없습니다.

12-7. 로봇이 흉내 못 내는 기사: 답은 … 문학과 저널리즘의 경계에 있다

한 신문이 스토리텔링 방식으로 쓴 사건 기사입니다.

10대 오원춘이라 불릴 만큼, 잔인한 10대 2명이 17세 소녀를 토막 살인한 끔찍한 사건입니다. 기자는 흔한 경찰발표 기사처럼 가해자의 관점이 아니라 피해자의 눈으로 '범죄의 재구성'을 했는데요.

"김양은 앞으로 어떤 끔찍한 일이 벌어질까 까맣게 모르고 있었다."
글의 도입부를 읽다 보면 마지막까지 손을 놓을 수 없습니다. 마치 단편 추리 소설을 보는 듯해요.

"어린 소녀를 살해한 두 명의 10대가 현장에서 붙잡혔다.
경찰은 10대들이 호러영화를 흉내내 소녀를 토막살해했다고 밝혔다."
통상 기자들이 기사를 쓰는 방식이죠. 이런 류의 기사를 보면 독자들은 무수한 살인 사건 기사 가운데 하나라고 느꼈을 터고, 기사 전체를 자세히 읽어볼 흥미를 느끼지 못했을 겁니다. 소설기법의 동원은 기사의 가독성을 높이고, 상상력을 불러일으킵니다.

이렇듯 기존의 문법을 파괴하는 형태의 기사는 계속 시도되고 있어요. "내러티브 저널리즘"(narrative journalism)이라고 하죠. 내러티브는 이야기하듯 사건이나 인물을 묘사하는 것을 말합니다. 똑같은 사실(fact)도 이야기를 입히면 다르게 전달됩니다. 즉, 사실을 바탕으로 하되, 문학적 구성을 차용하자는 것이죠. 문학과 저널리즘의 경계를 넘나드는 내러티브는 시청자와 독자들의 감성을 흔드는 강력한 무기일 겁니다.

AI와 로봇기사가 인간 기자의 생존을 위협하는 시대입니다. 미래의 언론 지망생이라면 로봇이 흉내낼 수 없는 기사를 써야 도태되지 않고 살아남습니다. 그 답은 바로 사람만이 풀어가는 문학적 서술과 스토리텔링에 있다는 겁니다.

12-8. 영미 문학의 거봉들! : 짧은 기사를 소설처럼 풀어나가다

존스타인 백, 헤밍웨이, 마크 트웨인, 조지 오웰, 이들 모두는 다 영미문학의 거봉들이죠. 이들의 공통점은 기자 출신이라는 점입니다.

소설 『분노의 포도』로 1962년 노벨문학상을 수상한 존 스타인 백은 한때 종군기자로 르뽀기사를 썼다고 합니다. 뉴욕아메리칸 지의 신문기자 시절 객관적 사실보도가 아닌 소설처럼 기사를 쓴다는 이유로 해고됐습니다. 해고당하길 참 다행이란 생각이 들어요. 해고 안됐으면 우리가 그의 주옥같은 작품들도 못 봤을 테고, 노벨문학상은 물 건너 갔을지도 모르잖아요.(웃음)

『톰 소여의 모험』으로 유명한 마크 트웨인 역시 기자출신이죠. 그는 19세기 미국사회의 위선을 폭로하고 신랄하게 비판하는 기사를 많이 쓰는 저돌적인 기자였다죠. '돌이 된 미라', '동굴 속에서 질식해 죽은 다섯 명의 인디언' 등 확인되지 않은 오보 기사도 잇따라 써서 물의를 일으키기도 했다고 하는데요. 마크 트웨인은 신문기자 시절 이미 '풍자를 잘하는 이야기꾼'으로 소문이 자자했다고 합니다. 한 시대를 풍미한 대 문호들은 기자시절 짧은 기사지만 이야기로 풀어나갔고, 그속에서 글 솜씨를 키워왔다는 겁니다. 우리도 기사를 쓰면서 소설처럼 흥미진진하게 풀어나가는 기술을 연마하자고요. 그렇다고 정말 소설을 썼다간 큰일납니다.(웃음)

우리의 뇌는 중요한 사실을 이야기의 형태로 기억한다고 합니다.

"옛날 옛적에 호랑이 담배피던 시절 … "로 시작되는 이야기들 그리고 전래동화나 이솝우화는 어디서 또 누군가에게 들었는지 기억이 없어요. 하지만 수십 년이 지난 지금도 그 이야기들은 아무리 잊으려고 해도 도무지 잊히지 않잖아요.(웃음)

- 다음 주에 봐요 제발 -

특강13

'메시지'는 발명이 아니라
발견이다

'메시지'는 발명이 아니라 발견이다

13-1. 세 가지를 말하는 것은 아무것도 말하지 않는 것과 같다

大구에선 전설처럼 떠도는 힌 조폭이 있있다죠.

1대 수십 명의 대결에 있어서도, 상대방은 누구라도 먼저 공격하는 걸 주저한답니다. 이 조폭은 오직 단 한 명의 귀만 물어뜯는다고 해요.(웃음) 먼저 나섰다간 자칫 귀가 나가떨어질지 모르니까, 누구도 선뜻 나서질 못하는 거죠.(웃음)

영화 「주유소 습격사건」에서 유오성이 "난 한 놈만 팬다"는 유명한 대사가 나오는데, 아마 대구 조폭이야기에서 나온 거 아닌지 모르겠어요. 조폭과 맛집의 공통점이 무언지 아나요? 조폭은 '한 놈만 팬다'

이고, 맛집은 '한 놈만 판다'랍니다. 맛집의 경우 간판도 또 메뉴판도 없는 식당도 많지요. 오직 '딱 하나'로 승부를 보는 거죠.

나는 암울했던 70년대 대학시절 140학점을 수강했지만, 뭘 배웠는지 기억에 남는 수업이 없어요. 물론 당시에는 수업에 참석한 날보다 빠진 날이 많기는 했죠.(웃음) 단 하나 "배가 불러야 민주주의는 온다"는 어느 교수의 말은 아직도 기억에 남아 있어요.(웃음) 실제 80년대 3저 호황이 중산층을 만들었고, 넥타이 부대가 거리로 나서면서 6.10 항쟁을 가져왔으니, 그 교수의 말이 여전히 뇌리에 남아있는지도 모릅니다.

여러분도 졸업하면 아마 대학 강의는 기억 저편에 있을겁니다. 잠 못 이루며 준비한 오늘의 강의도 이 강의실을 나서자마자, 순삭되겠죠.(웃음)

기자시절 기사를 작성해서 데스크(부장)에 올리면, 부장의 입에서 "So what!"이라고 하는 말을 많이 듣습니다. 도대체 말하고자 하는 핵심, 즉 메시지가 뭐냐는 거죠. 기자들은 취재한 것이 아까워서라도 취재하고 인터뷰한 모두를 기사 속에 꽉꽉 채워 넣으려고 하죠.

칩 힉스는 저서 『스틱』에서 '3가지를 말하는 것은 아무것도 말하지 않는 것과 같다'고 경고하고 있습니다. 실제 시청자나 독자들은 많은 것을 기억하지도, 담아두지도 않는다는 점이에요.

오늘 특강의 요체는 '**단 하나로 승부하자**' 입니다.

13-2. 헉 !! 헐 ~~ : 단숨에 상황을 정리하다

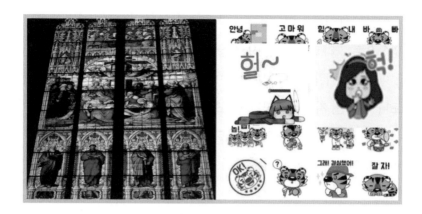

　유럽의 가톨릭 성당에 들르면 규모도 규모지만, 성상과 성화에 압도당합니다. 인터넷 글에서 봤는데, 거대하고 화려한 성당은 인쇄술이 미천하던 시대에 최적으로 적응한 미디어 매체였다는 것이죠. 교회의 벽을 가득 메우는 성상과 성화는 가톨릭이 신도들에게 가르침을 전하는 메시지이자 유용한 상징이었다는 겁니다. 곧, 성상과 성화는 가톨릭의 핵심 메시지를 그 어느 것보다 생생하게 전달하고 있다고 설명합니다.

　요즘 세상엔 '이모티콘'만큼 단순 명쾌하게 메시지를 전달하는 도구도 없는 듯 보입니다. 10대와 20대의 경우, 친밀한 관계에서는 이모티콘만으로도 대화하기도 한다죠. 바야흐로 이모티콘 시대이고, 이모티콘은 '신(新)언어'나 다름없습니다. 구구절절 설명하는 것보다 이모티콘 하나는 자신의 의사를 아주 간단하게 그리고 재미있게 묘사합니다.

　'헉' '헐'이란 이모티콘은 단숨에 상황을 정리하는 위력을 발휘하기도 하죠.(웃음)

이렇듯 메시지를 전달하는 수단은 조각과 그림에서 또 인쇄 문자와 영상으로 그리고 이모티콘으로 끝없이 변모하고 있습니다.

이제 미디어란 비단 신문, 방송이나 인터넷뿐만 아니라 거리의 쇼윈도나 전광판, 지하철 광고판 등 모든 것을 포함합니다. 이들의 궁극적 목표는 결국 메시지를 만들어내고 전파하는 데 있을 겁니다. 그리고 메시지 전달 방법과 형식은 세상이 복잡할수록 아주 짧고 단순하게 접근하고 있다는 것이죠.

『스틱』에서 1초 만에 착 달라붙는 메시지 법칙을 소개하고 있는데요. 메시지를 어떻게 하면 사람들의 머릿속에 스티커처럼 착! 하고 달라붙게 만들 수 있는지 설명하고 있지요. 저자 칩 힉스는 단순성이 제1의 기술이라고 강조하며 속담과 격언만큼 단순한 워딩도 없다고 합니다.

셰익스피어는 "아름다운 아내를 가진다는 것은 지옥이다"라고 말했죠. 내가 지금 지옥 같은 삶을 사는 게 바로 아름다운 아내 때문인 모양입니다.(웃음) 단순하면서 역설적인 한 마디이지만, 한번 들으면 좀체 잊히지 않는 금언이죠.

"같은 강물에 두 번 발을 담글 수 없다."

2,500년 전에 고대 그리스의 현인 헤라클레이토스가 한 말이라죠. 난 살아오면서 수십 수백 번을 강물에 발을 담가 봤어도, 이런 생각을 해 본 적이 없어요.(웃음)

생각할수록 당연한 얘기인데도, 기막히게 자연과 세상의 이치를 꿰

뚫고 있습니다. 속담이나 격언이 수천 년이 지나도 우리의 뇌리에서 쉽게 사라지지 않는 이유가 글의 단순성과 간결함에 있을 거예요.

『스틱』의 저자는 "단순의 정확한 개념은 메시지의 핵심을 찾으라는 의미다"라고 강조하는데요. 핵심을 찾으라는 의미는 핵심을 놓치지 말라는 얘기와 다름 아닙니다. 글이 장황하거나 잡다하면 그 어느 것도 기억에 남지 않습니다. 가차 없이 버리세요. 글의 주인은 독자라고 하잖아요. 나만 아깝지, 주인인 독자들은 전혀 아깝지 않아요.(웃음)

13-3. So what? 욕심은 군더더기를 만든다

까만 원피스와 스타킹, 그리고
까만 구두까지..처음으로 지방공항 지사장이 된 이미애
지사장은 점심에 짜장면만 먹을 정도로 검은 색을
좋아합니다 (중략)

강하면서도 부드럽게 120명의 회음을 이우르는 지휘자.
▶ 인터뷰 : 경기필하모닉 오케스트라 예술단장
"앙상블이 중요하다고 생각하거든요.
모든 일에는 '밀당이 최고'라고 생각하는데…."

'짜장먹는 여자 … 밀당하는 여자'라는 제목(PPT)의 기획뉴스인데요. 제목만 봐도 뭔가 재미있는 아이템이란 느낌이 들어요. 두 여자 주인공을 내세워 금녀의 벽을 깨뜨린 비결을 인터뷰로 구성하고 있어요.

첫 번째 사례는 처음으로 지방공항에서 지사장이 된 여성인데요. 만성 적자인 공항을 '흑자(黑字)'로 만들겠다며 옷과 구두, 스타킹까지 모두 검은색으로만 입는다고 소개합니다. 심지어 점심도 짜장면만 먹는다고 하는데요. 리포트를 보다보면 살짝 아쉽기도 하고 의문도 들어요. 정말 '흑'자 경영을 위해 검은색 의상만 고집하는지, 정말 매일 짜장면만 먹는지, 정말 궁금하거든요.(웃음)

문제는 제목과 기자의 리포트에서만 짜장면을 강조했지, 정작 당사자의 인터뷰에선 거기에 대해 아무 언급이 없어요. 지사장의 인터뷰는 단지 수입이 늘었고, 5월에 흑자가 됐다고 말하는 게 전부에요. 검은색과 흑자의 인과관계를 설명하지 않아요. 리드에서는 검은색을 강조해 놓고 정작 궁금증을 풀어주질 않고 있어요.

두 번째 주인공은 '밀당하는 여자'로 나오는 오케스트라의 여성 지휘자입니다. 기자는 이 여성을 '강하면서도 부드럽게 120명의 단원을 아우르는 지휘자'로 소개합니다.

인터뷰 : ○○ 필하모닉 오케스트라 예술단장
"제가 처음에 중점을 둔 게 사람과 사람과의 관계이니 앙상블이 중요하다고 생각하거든요. 모든 일에는 '밀당'이 최고라고 생각하는데 … "
지휘자의 인터뷰인데요. "밀당이 최고"라는 워딩만 있지, 어떻게 밀당으로 오케스트라단을 발전시켰는지 기사는 설명하지 않아요. '밀당하는 여자'가 제목이라면, 키워드에 걸맞는 설명과 설득이 빠져있는 것이죠. 기자는 리포트에서 금녀의 벽을 허문 사례로 두 여자를 들었다고 하는데요. 금녀의 벽을 무너뜨리기 위해, 또 그 자리에 오르기까지 조직 안에서 얼마나 치열하게 부딪혔는지, 남자들 세계에서 여성이 갖는 남모를 고민이 무엇인지, 궁금증을 남기고 있지요.

이런 인과관계와 맥락은 생략된 채, 성격이 다른 '짜장먹는 여자'와 '밀당하는 여자'를 묶다보니 뭔가 억지스럽다는 느낌이 든다는 겁니다. 무엇보다 1분30초라는 짧은 시간 안에 두 명의 주인공을 내세우다 보니 메시지가 오히려 산만하고 불분명해진거죠. 1명으로 집중 소개했다면 훨씬 메시지 전달이 분명했을 겁니다. 2명 취재했다고 2명 모두 방송에 나갈 이유는 없지요. 욕심을 내면 군더더기가 생깁니다.

2명 중 편집되는 1명에겐 미안한 일이지만, 싸늘하게 버려야 합니다.(웃음) 글을 잘 쓰기 위해선 잘 버려야 합니다.

담당 기자는 나름 열심히 제작해서 만들었을 텐데요. 생면부지의 내가 마치 담당 부장인 듯, 따진 거 같아 미안합니다.(웃음)

13-4. 백남준과 고급사기 : 99%의 재미와 1%의 메시지

비디오 아티스트 백남준은 우리 시대 '가장 발칙한 예술가'로 불립니다. 그의 작품은 늘 놀라움을 보여줬었죠.

90년대 백남준(사진1)을 인터뷰한 적이 있는데, "예술은 고급사기"라고 말하더군요. 굉장히 재밌고 솔직한 비유 아닌가요? 백남준은 예술의 엄숙주의와 진지주의를 조롱하곤 했는데요. 그는 말했죠. "예술은 밋밋한 이 세계에 양념과 같다. 이 상투적인 세계에 그나마 예술적 충격이 없으면 인간들은 정말 스스로 파멸할 것이다."

사진1

사진2

비단 예술작품이 아니더라도 모든 콘텐츠 역시 답답하고 밋밋한 세상에 양념 역할을 해야 한다고 봅니다. 백남준이 말하는 '고급사기론'과 '양념론'은 밋밋한 콘텐츠가 그럴듯하게 보이게 하는 포장술을 의미하는 것에 다름 아닐 겁니다. 아주 고급스런 포장술 말이죠.

앞서 언급한 『스틱』의 저자 칩 힉스는 착 달라붙는 메시지 법칙으로 단순성 이외에 "기발성"(Unexpectedness)을 꼽고 있어요. 기발성이란 백남준의 "고급 사기"와 상통하는 측면이 있을 겁니다. 시청자나 독자가 전혀 예측하지 못하거나. 의표를 찌르는 메시지를 전한다면 그야말로 착 달라붙겠죠. 문제는 요즘처럼 다들 똑똑하고 고수인 세상에 콘텐츠로 사기를 친다는 게, 말처럼 쉬운 일이겠어요?(웃음)

누군가 '예술은 99%의 재미와 1%의 메시지'라고 말했는데요. 99%의 재미란 1%의 메시지를 전달하기 위한 필요한 장치라는 얘기로 해석하고 싶어요. 결코 1%의 메시지를 놓쳐선 안된다는 경고가 담겨 있다고 봅니다.

〈가치들어요〉란 종편 MBN 프로그램에서 심리학자 김경일 교수의 강연쇼(사진2)를 본 적이 있는데요. 김 교수는 강연 내내 재치와 유머로

패널들을 들었다 놨다 하며 시종일관 좌중을 휘어잡더라고요. 강연의 메시지는 한국인의 특성은 '관계성'이라며, 거기에 맞춰 소통에 임해야 한다는 아주 간단한 것입니다.

김 교수는 이 한 마디 메시지를 전달하기 위해 온통 재미있는 사례와 에피소드를 소개하는데 대부분의 시간을 할애하더라고요. 콘텐츠의 최종 목표는 메시지 전달입니다. 1%의 메시지를 위해 콘텐츠 소비자들에게 고급스런 사기를 쳐야 합니다. 나머지 99%를 아주 흥미진진하게 채워야 한다는 얘기죠.

13-5. 메시지 포장술!! : 가벼운 뉴스를 생각하는 뉴스로 만든다

2010년 여름 파리특파원으로 부임해서, 첫 파리에서의 첫 뉴스를 무엇으로 할까? 고민이 됐는데요. 매년 여름 파리 세느강변에선 '도심 속 해변'이 연출된다는 사실을 알게 됐어요. 무엇보다 화면 영상이 낭만적인 세느강변이 배경이고, 시기적으로도 딱 알맞다고 생각했지요.

당시 '도심속 바캉스' 제목으로 방송이 나갔죠.

사실 전임 특파원이 한 번 다뤘던 뉴스라 차별성이 신경쓰였습니다. 내용이나 화면은 전과 크게 다를 바가 없었어요.

"경제위기로 파리에 남아있는 이들을 위해 여가프로그램을 제공하고, 파리의 밤을 즐길 수 있도록 해주는 것은 당연한 일이다."

도심에 해변을 만든 이유에 대한 파리 시청 관계자의 인터뷰에요. '바로 이거다'라는 생각이 퍼뜩 들었죠. 이런 메시지를 전하면, 그 전 특파원 리포트와 차별성을 확보하는 것이라는 생각이 들었죠.

"세느강에서 본 파리의 7월. 한편으로는 파리의 자유분방함을. 한편으로는 남은 자들에 대한 배려를 엿볼 수 있습니다."

파리에서 MBC뉴스 정관웅입니다.

당시 뉴스의 클로징 멘트인데요.

파리시 당국이 도심 속 해변을 만든 이유가 휴가를 떠나지 못한 '남은 자들에 대한 배려'라는 메시지를 전했습니다. 내가 만든 뉴스지만, 우리에게도 뭔가 시사하는 괜찮은 뉴스 아닌가요?(웃음)

만약 메시지 1줄이 없었다면 멋진 파리의 해변을 소개하는 가벼운 그림뉴스에 머물렀을 겁니다. 가벼운 뉴스를 생각하게 만드는 뉴스로 만들려면 꼭, '메시지 포장'을 잊지 마세요.

13-6. 영웅을 보는 두 가지 시선 : 그때는 맞고 지금은 틀리다

"개처럼 사느니 영웅처럼 죽고 싶다"

"살아남은 쓰레기가 죽은 영웅보다 낫다"

영웅에 대한 두 개의 글이 있는데요.

하나는 80년대 홍콩 누와르 영화 「첩혈쌍웅」(사진1)의 대사이고, 하나는 90년대 대표적인 무협소설 『대도오』(사진2)에 나오는 문구죠. 두 개의 대사 중, 어느 글이 맘에 드나요?

영화 「첩혈쌍웅」의 명대사 "개처럼 사느니 영웅처럼 죽고 싶다"가 맘에 들겠지요.

여러분 같은 질풍노도의 시기에는 폼생폼사가 멋져 보이죠. 나도 소싯적엔 그랬지만, 이젠 갈 날이 가까워져서 그런지 "살아남은 쓰레기가 죽은 영웅보다 낫다"는 문구가 맘에 와 닿습니다.(웃음) 허접한 인생일지라도 이젠 죽고 싶은 생각이 조금도 없어요.(웃음)

1980년대 주윤발 세대는 "개처럼 사느니 영웅처럼 죽고 싶다"는 문구에 열광하는 시기였죠. 하지만 1995년 출간된 좌백의 무협소설

『대도오』는 영웅에 대한 관점이 다릅니다. 살아남는 자가 영웅이라는 거죠. 영웅심과 공명심에 들뜬 캐릭터보다는 "살아남은 쓰레기가 죽은 영웅보다 낫다"라고 1980년대 영웅시대를 비웃기까지 합니다. 누군가는 1980년대가 '영웅의 언어'라면 1990년대는 x세대라는 '개인의 언어'로 확연히 바뀌었다고 말합니다. 두 개의 대사는 각각 80년대와 90년대라는 당대의 메시지를 한마디로 상징합니다. "그 때는 맞고 지금은 틀리다"라는 유행어처럼, 메시지는 시대와 사회를 반영하고, 대변하면서 바뀐다는 점입니다.

13-7. 전쟁 와중 '춤바람' : 표면 그리고 이면

6.25 전쟁 피난 시절, 부산 광복동 거리에는 춤바람이 불었다죠.

삶과 죽음이 교차하는 가운데에서도 댄스홀은 전쟁미망인과 피난 여대생들이 미군 장병들과 어울리며 불야성을 이뤘다고 합니다. 동아일보 사회면에는 '피난 왔소, 유람 왔소'라는 제목으로 춤바람을 개탄하는 고발기사가 실리기도 했죠.

오래전에 어느 좌석에서 들은 얘기인데요. 기자들이 당시 조병옥 내무장관에게 '전쟁 중에 춤바람이 웬말이냐며 항의했다'고 합니다. 조병옥은 "전쟁 와중에도 즐거운 사람이 있다니, 그나마 다행입니다"라고 답했다죠. 물론 조크로 말했으리라 생각합니다만, 정치인 조병옥의 배포와 함께 이런저런 생각이 들게 만들었어요.

"생사를 넘나드는 전쟁 속에서도 인간의 환락과 욕망은 과연 어디까지인가?
이들에게 술과 춤은 전쟁의 공포를 잊게 하는 환각제인가?
춤바람 난 여성은 과연 악녀인가?"

우리가 당시 현장 기자라면 두 가지로 기사를 쓸 수 있을 거예요.

'피난 중에도 댄스홀 북적 … 미친 x !' 이라는 원색적인 고발기사를 쓸 수도 있고,(웃음) '환락과 춤 … 그들의 마취제인가?'라는 원초적인 기획기사를 쓸 수도 있을 겁니다. 즉, 전쟁 중 춤바람이라는 현상에 초점을 맞추느냐, 아니면 춤바람의 사회적 배경과 인간의 원초적 본능에 초점을 두느냐에 따라 기사 취재방향과 메시지는 다르게 나올 겁니다. 전쟁통에도 '왜 춤에 빠졌을까?'라는 사회 심리학적 물음표를 던질 수도 있을 겁니다. 춤바람은 한국전쟁이 끝난 후 더욱 거세게 불었죠.

1950년대 정비석의 장편소설 『자유부인』은 춤바람 난 교수 부인의 억압된 욕망을 묘사해 우리사회에 큰 논쟁거리와 파장을 던졌는데요. 사실 춤바람의 배경에는 당시 한국사회에 불어 닥친 미국 자본주의

문화의 영향과 가부장적 사회에 반기를 드는 신(新)여성들의 탄생과도
무관치 않다는 지적입니다.

춤은 시대와 동서양을 불문하고 인간의 본능으로 존재해왔습니다.
지금 코로나19 와중에도 이태원과 홍대클럽은 '겁없는 청춘들'로 불
야성을 이룬다고 하잖아요. 누가 말리겠어요?(웃음)

모든 사회현상이란 복합적이고 중층의 구조로 이루어져 있으며,
춤바람도 사회문화, 심리학적 배경에서 접근해야 할 거예요. 프레임
에 갇힌 채 단순화시키다 보면, '답정녀'가 됩니다. 춤에 빠진 여성은
1950년대에는 '악녀'였지만 21C에는 매력적인 '춤꾼'이기도 하죠.

'저렇게 볼 수도 있구나!'

색다른 또 뜻밖의 메시지를 전하는 것도 저널리스트의 보람일 겁
니다. 표면이 있으면 반드시 이면이 있게 마련입니다.

13-8. 샹젤리제와 구걸하는 여인 : 메시지는 발명이 아니라 발견이다

특파원시절 제작한 리포트 하나 더 소개합니다.

12월이 되면 1.8km에 이르는 파리 상젤리제 거리는 크리스마스 트
리로 눈이 부시고 세상에서 가장 화려한 도시로 변신하죠. 그런데 상
젤리제를 오가다 보면 구걸하는 노숙자들이 적잖게 눈에 띄는데요.
연말 기획뉴스로 시청자들에게 파리지앵의 어두운 단면을 보여주고
싶더라고요. 당시 '화려한 파리에도 … '란 제목으로 방송됐었죠. 리포

트의 리드는 파리 시내 야채와 과일가게 앞에서 주인이 내다버린 과일과 음식쓰레기 더미를 뒤지는 노숙자들의 모습을 보여줬습니다.

"이렇게 음식을 주워 먹는 일이 나한테는 전혀 문제되지 않아요."
"창피하지는 않아요. 나도 다른 사람들처럼 단지 끼니를 때우는 거죠."

노숙자들의 생생한 인터뷰도 전했습니다. 또 어두컴컴한 저녁 차가운 거리에서 무료급식을 받기 위해 서성이는 1백여 명의 노숙자들의 모습도 담았지요. 고민했던 부분은 마지막을 무슨 메시지로, 어떻게 인상적으로 전달하느냐 였어요.

"세상에서 가장 아름답다는 12월 샹젤리제의 밤거리입니다."
"이 화려한 불빛 아래에서 한 노숙자가 가장 잔인한 시간을 보내고 있습니다."

당시 클로징 멘트입니다. 화면은 멘트를 시작하면 휘황찬란한 12월의 상젤리제 거리에서 점차 구걸하는 여인으로 줌인하면서 마무리지었는데요. 뉴스 기획을 하면서 염두에 뒀던 장면이에요. '가장 아름다운 상젤리제'와 '가장 잔인한 시간'이 교차하는 순간을 극명하게 대비시키고 싶었죠.

카메라 기자가 대여섯 번이나 촬영했고, 화면과 글이 의도했던 만큼 일치했습니다. 메시지는 화면과 함께 스며들어가야 콘텐츠가 여운이 남고 기억에 남는 법이지요. 현장에서 발견한 장면 하나로 기획했던 메시지를 전했다고 생각해요.

벽을 "10의 힘"으로 밀면, 그대로 "10의 반작용"이 나온다고 합니다. 뉴턴의 작용 반작용의 법칙이죠. 콘텐츠의 메시지란 것도 강하게 주장하면 강력한 반발을 불러옵니다.

요즈즘 재야의 고수들이 하도 많아서, 주장한다고 쉽게 먹혀들지도 않아요. 가장 좋은 메시지는 언제나 현장 속에 있습니다. 뉴스의 메시지는 주장하고 발명하는 게 아니라 현장에서 발견하는 것이라는 점입니다. 그러기 위해서는 늘 촉각을 곤두세우고, 두 발로 현장을 누비는 수밖에 없겠죠.

다음 주에 봐요 제발~!!

특강14

나는 전체의 진실을 알지 못한다

나는 전체의 진실을 알지 못한다

14-1. 사랑의 이해? : 심장이 식었을 때 가능하다

"**사**랑을 더 하고 더 괴로워하겠느가? 아니면 사랑을 덜 하고 덜 괴로워하겠는가? 그게 단 하나의 진짜 질문이다."

맨부커상을 수상한 줄리언 반스의 소설 『연애의 기억』의 첫 문장입니다. 48세 중년 여성과 사랑에 빠진 주인공 19살 청년의 질문입니다. 질문이 좀 어이가 없지 않나요?

이미 사랑에 빠진 청춘이 사랑을 더 하고, 사랑을 덜 하고를 콘트롤할 수 있나요? 더 괴로운 거와 덜 괴로운 거의 차이는 어느 정도인가요?

괴롭기는 마찬가지 아닌가요?(웃음) 만약 "사랑을 하고 더 행복하겠

는가, 아니면 사랑을 안 하고 덜 피곤하게 살 것인가?" 이런 질문이라면 훨씬 답이 쉬울 텐데요.(웃음)

여기 남학생 중에 48살 된 연상의 여성과 사랑에 빠져 본 적이 있나요?(웃음)

3~4살 연상의 여인도 제어하기 힘든데, 애인이 중년 여성이라면 아마 늪에 빠진 듯 헤어 나오지 못할 겁니다. 이런 늪 같은 사랑에 빠져 있다면 어떻게 답이 있을 수 있고 충고할 수 있겠어요. 애당초 그런 상황에 말려들지 않기를 바랄 뿐입니다. 제발~(웃음)

사실 저자 줄리언 반스는 '제어할 수 있다면 그건 사랑이 아니다'라며 사랑에 빠진 사람은 더 이상 선택 자체가 불가능하다고 결론짓고 있어요. 사랑을 이해한다는 것은 심장이 식었을 때에나 가능하다고 강조하죠.

오늘은 우리 사회 쟁점에 대해 함께 생각해 보려고 하는데요. 특강 제목처럼 '나는 전체의 진실을 알지 못한다'는 겸허한 자세가 필요해요.(웃음) 쟁점을 공부하는 이유는 나와 다른 생각과 의견이 존재한다는 사실을 발견하기 위해서 입니다. 생각과 시야를 확대하고 또 균형 잡힌 시각을 갖는 것입니다. 미디어 쟁점이란 것은 결코 선악을 구분하거나 승부를 가르는 도구가 아니라는 점입니다.

대한민국은 늘 쟁점으로 불붙고 있죠. 세대와 젠더의 대결 그리고 이념과 진영 사이의 대치 상황은 극한으로 치닫고 멈출 날이 없습니다. 사랑만큼이나 답 없는 쟁점에 대해 서로 핏대를 올리고 삿대질을 하고 있죠. 결국 본질은 사라지고 적개심만 불타오릅니다. 뉴스의 댓글을 보면 대한민국의 쟁점 사항들은 너무나 뜨거워요. 우리가 쟁점을 제대로 이해하려면 사랑과 마찬가지로 심장이 식을 때까지, 여러분의 표현대로 쿨한 상태가 될 때까지 기다려야 합니다.(웃음)

"시저를 죽인 건 시저를 사랑하지 않은 것이 아니라, 로마를 더 사랑했기 때문이다."

2,000년 전 브루투스가 로마 공화정의 절대자 시저를 암살한 후 장례식장에서 남긴 유명한 연설이죠. 여기서 브루투스는 진정 "배신의 아이콘인가 vs 공화정 신봉자인가"라는 역사적 논쟁이 시작되었습니다. 물론 역사적 논쟁은 셰익스피어의 놀라운 상상력에서 출발됐지요. 만약 셰익스피어의 희곡 「줄리어스 시저」에서 이 '불멸의 대사'가 없었더라면 역사적 논쟁이란 아예 존재하지 않았을지도 모릅니다.

사실 브루투스가 칼을 빼든 이유가 시저의 야심에 대한 경계 때문인지 아니면 자신의 야심 때문인지, 우리는 알 수가 없습니다. 대문호 셰익스피어의 화려한 수사가 얼마나 대단한 것인지, 여전히 우리는 '가정 속의 논쟁'을 벌이고 있다는 점입니다.

이처럼 우리의 논쟁 자체가 부질없다는 생각이 들기도 합니다. '이것이냐 저것이냐 둘 중의 하나를 선택하라'니 … 세상사가 그리 간단 명료하지 않습니다. 둘 다 맞을 수도 있고, 둘 다 틀릴 수도 있는 게 세상일 아닌가요?

답이 정해져 있는 남자를 '답정남'이라고 하죠. 컨설턴트나 변호사 등 전문가 집단 그리고 시니어그룹이 대개 답정남이라고 합니다. 즉, 잘 나가고 연봉이 높을수록 '답정남녀'일 확률이 아주 높다고 해요.

늘 답이 정해진 사람은 밥맛이지요. 물론 늘 답이 없는 나 같은 사람은 왕짜증 납니다.(웃음)

나 같은 사람은 귀가 얇아서 그런지 또 부화뇌동을 잘해서 그런지, 이쪽 얘기 들으면 이쪽이 맞는 것 같다가, 저쪽 얘기 들으면 저쪽이 맞는 것 같아요. 종종 줏대도 없는 기회주의자나 사이비로 몰립니다.(웃음)

14-2. 답정남 전성시대! : 나는 전체의 진실을 알지 못한다

젊은 시절엔 옳고 그름이 명확한 듯 보여도, 나이 먹으면 회색분자가 된다고 하잖아요. 요즘 술자리에선 토론도 없고, 논리도 없어요 남의 얘길 듣질 않아요. 목청을 높이는 친구가 나타나면, 하나둘 자리를 빠져나갑니다.(웃음)

친한 사이에서도 말 한 마디 문자 하나 옮기는 것도 늘 조심스러운 세상이죠. 지인과 친구들 카톡 단체방에서 누군가 생각이 다른 글을 올리면 탈퇴자가 줄을 잇습니다.(웃음)

내 편은 선이고 네 편은 악입니다. 시비(是非)가 아니라 선악(善惡)의 잣대로 세상을 나누고 동료와 친구를 갈라놓고 있습니다. 재밌는 사실은 다들 자신의 앞날에 대해선 초조하고 불안에 떨면서도, 거대 담

론에는 거품들을 물지요.(웃음)

언론과 SNS도 확연히 편이 갈라져 있습니다. 문화비평가 마샬 맥
루한은 일찍이 "미디어는 메시지다"라는 유명한 말을 남겼죠. 메시지
를 전달하는 매체에 따라 메시지의 의미가 달라질 수 있다는 겁니다.
그의 말에 의하면, 미디어가 만들어내는 콘텐츠뿐 아니라 미디어 스스
로 메시지를 대변하는 시대입니다.

같은 뉴스 기사의 경우에도 조·중·동 보수 매체에 실렸을 때와
진보매체인 한겨레나 경향에 실렸을 때 독자의 반응은 사뭇 다르죠.
똑같은 기사가 매체에 따라서 메시지를 다르게 해석하고 댓글의 반응
이 전혀 다른 현실은 슬픈 일이지만, 내가 어쩌겠요.(웃음) 더욱 슬픈
일은 어떤 매체를 시청하거나 구독하느냐에 따라 자신의 성향이나 정
체성이 규정되는 현실입니다.

소설가 김훈은 "언론은 자신들의 프레임에 독자를 가둬놓는다"며
기자들은 자신의 의견을 사실처럼 포장한다고 일갈합니다. 독자나 시
청자들은 스스로 '보도국장'이 되어 뉴스를 선택하고 편집하면서 확
증편향의 세계로 몰입합니다.

소설 『장미의 이름』에서 주인공 윌리엄 수도사는 "의심의 여지가
없다고 믿는 진리. 이런 게 바로
악마야"라고 말하고 있습니다.
수도사는 '마지막에 진리를 위하
여 죽을 수 있는 자들을 경계하
라며 이들은 대체로 많은 사람
을 함께 죽게 하거나, 때론 자기

대신 죽게 하며 파국으로 몰고간다'고 결론짓습니다.

저자 움베르토 에코는 종교와 진리란 이름하에 분출하는 광신과 맹목주의를 경고하고 있는 것이죠. 분명 절대적인 진리는 존재할 겁니다. 다만 진리를 해석하는 인간의 의견과 생각을 절대시해선 안된다는 겁니다. 우리는 유한의 시간과 공간 속에 존재하기 때문이죠. 얄팍한 지식과 어설픈 이념으로 독선과 우월감에 빠진 '답정너들'이 주변에 널려있지요. 모임에서 발언을 독점한 사람만큼 진실을 독점한 인간과 집단이 너무 미워요.(웃음)

'미디어 쟁점'을 공부하는 출발선은 무엇인가요?

글로벌 100대 사상가로 꼽히는 조너선 하이트 교수는 '나는 전체의 진실을 알지 못한다'는 사실을 전제해야 한다고 말합니다. 세상 모든 사안에는 양면과 다면이 존재한다는 사실입니다. 미래의 저널리스트를 꿈꾸는 여러분들이 신념으로 무장한 언어만큼 위험한 것은 없다는 점을 명심한다면, 나는 더 이상 원이 없을 겁니다.(웃음)

14-3. 거품을 보는 2개의 시선 : '부정'과 '긍정'은 붙어다닌다

프랑스의 석학 기소르망은 "한국 사회가 거품 속에 놓여 있고, 거품은 언제 걷힐지 모른다"고 경고한 바 있습니다. 사실 대한민국은 집값, 학력, 스펙, 호칭 등 모든 분야에서 거품이 잔뜩 낀 거품 사회임을 부정할 수 없습니다. 부동산은 최고의 재테크 수단으로 각광 받고 있고, 각종 규제에 세금폭탄을 퍼부어도 아파트 시세는 천정부지로 치솟고

있어요. 어디까지 오르나 보자
했는데, 또 올라요.

호주에서 '아보카도 논쟁'이
란 것이 벌어졌는데요.

한 칼럼리스트가 '젊은 세대
는 비싼 아보카도 브런치를 먹
지 않으면 집을 살 수 있다'는
글을 올렸다죠. 이에 대해 젊은
세대들은 48년 동안 아보카도
브런치를 안 먹어야 가능하다
며 거센 반발을 쏟아냈다고 합
니다.

거품은 제거돼야 한다
- 집이 눈 비를 피하는 곳에서 재테크 수단이 됐다
- 학력과 스펙은 출세수단이 됐다
- 호칭 인플레로 허세사회가 됐다

거품은 역동성이다
- 부동산거품으로 건설의 강자가 되다
- 교육 열풍으로 한강의 기적을 만들다
- 인구거품으로 위대한 인물이 태어났다
- 자연의 거품은 다양한 종을 만들었다

여러분이 취직해서 10여 년 동안 '짠순이, 짠돌이' 소리 들으며 저
축하고, 대출받고 요즘 말로 '영끌'하면 조그만 거주 공간을 하나 마
련할 수 있을지 모릅니다. 하지만 별 보고 출퇴근하며, 대출이자 갚고
아이들 학원비 대면서 뼈빠지게 살다보면, 어느덧 힘은 다 빠지고, 휘
청거리는 중년이 되어있습니다. 실제 중년층에서 골다공증이나 뼈엉
성증 환자가 많이 발견되는 이유 중 하나가 실제 뼈빠지게 일하는 것
과 무관치 않다고 하잖아요.(웃음)

집 한 채 마련한다고, 그 좋다는 '유명 맛집'에서 맛있는 것 한 번 제
대로 먹어보지 못하고, 꽃다운 청춘과 튼튼했던 뼈만 사라지고 있는
셈이죠. 기가 막힐 노릇입니다.(웃음) 누구 말마따나 원시사회에서, 집
이란 그저 눈과 비를 피하는 피난처였는데 말이죠.

우리 사회 학력과 스펙의 거품 역시 만만치 않아요. 지금 젊은 세대는 단군시대 이후 최고의 학력과 스펙을 보유하고 있습니다. 2018년 한국 청년층 중에서 대학 이상의 학력을 가진 고등교육 이수율은 69.6%라고 하는데. 2008년부터 계속 OECD 1위랍니다. OECD 국가의 평균은 44.3%라고 하니, 우리가 얼마나 고학력 사회인지를 보여주죠.

몇몇 학생이 자소서를 보내와서 보면, 누구라도 탐낼 만한 대단한 스펙들을 보유하고 있어요. 그래도 취직이 안돼서 또 다른 스펙을 준비한다고 해요. 나는 대졸자도 별로 없고 또 스펙이 없이도 취직 가능한 머나먼 옛날 옛적에 태어난 것이 얼마나 감사한지 몰라요.(웃음)

호칭 인플레도 우리 사회 특징일 겁니다. 호칭 거품으로 '허세사회'가 됐다고 비판받습니다.

MBC시절 '차장대우'를 2년 정도 해야 대우란 꼬리를 떼고 차장이 됩니다. 또 '부장대우'를 2년 거쳐야 부장이 되고 부국장과 국장 역시 대우기간을 보내야 합니다. 직급 사이마다 '대우'가 끼어 있는데, 실제 대우도 안 해줘요(웃음)

회사를 제대하고 보니 명함이 사라졌어요. 어디 가면 일면식도 없는 사람들이 '사장님'으로 부르는 경우가 종종 있는데요. 국장을 마지막으로 퇴직해서 억울했는데, MBC에서 못 이룬 사장의 꿈을 사회 나와서 드디어 이뤘습니다.(웃음)

우리는 2002년 닷컴 버블과 2008년 금융위기란 쓰라린 경험을 했는데요. 거기서 거품이란 것은 제거해야 할 또 꺼져야 할 참 부정적 단어로 각인되어 있습니다. 하지만 거품 현상이란 것이 유용한 측면도 있더라고요.

한편에선 부동산 거품이 복부인과 투기꾼들의 욕망을 부추겼다고 말하지만, 다른 한편에서는 시민들의 쾌적하고 고급스러운 주거 문화에 대한 욕망을 자극했다고 두둔합니다.

실제 재건축으로 '성냥갑 아파트'들이 초고층 아파트들로 변모하면서 도시 경관과 스카이라인을 바꿔놓고 있기도 합니다. 부동산 거품 현상이 국내시장에서 국외로까지 넘치면서, 우리나라가 해외 건설시장에서 세계 강자가 되는 기폭제가 되었다는 분석도 있습니다.

1980년대까지만 해도 인구거품은 정부의 골칫거리였습니다.

"하나 낳아 젊게 살고 좁은 땅 넓게 살자", "많이 낳아 고생 말고, 적게 낳아 잘 키우자"라는 그야말로 '웃픈' 산아제한 국민 캠페인을 벌이기도 했지요.

한국전쟁 이후 1950년대 출산율은 6.3명이었다죠. 정말 가난하고, 전기도 안 들어오는 시절이라 가능한 일이었을 겁니다.(웃음) 우리 형제도 5남 4녀였습니다.(웃음)

2020년 현재 우리나라의 합계 출산율은 0.84명으로 순수 백의민족의 존립을 걱정할 정도라죠. 요즘 출산 장려 슬로건은 "하나는 외롭습니다" "하나보다는 둘이 행복합니다" 이던데요. 세상이 이렇게 바뀔지 누가 알았겠어요.

70년대까지 인구거품 시대에는 놀랍고도 대단한 인재들이 많이 태어났죠. 물론 나 같은 흑사리 껍데기 인생도 세상에 출현했지만요.(웃음)

'1명의 천재가 10만 명을 먹여 살린다'고 합니다. 당시 태어난 인재들이 오늘날의 대한민국을 만들었다고 하잖아요. 인구 과잉과 거품의 역설인 셈입니다.

자연세계의 거품은 다양한 종을 만드는 원동력이라고도 합니다. 태풍은 바다에 거대한 거품을 일으키며 생태계를 활성화해서 지구온도를 조절한다죠.

자연과학자 최재천은 저서 『거품예찬』에서 경제에서는 '거품'이라면 질색하지만 진화의 기본은 '거품'이라고 말합니다. 조개나 산호 같은 해양무척추동물들은 엄청나게 많은 알을 낳지만 그 중에서 성체로 자라는 개체는 종종 1%도 채 되지 않는다는 거죠. 식물 역시 많은 씨를 뿌리지만 극히 일부만 발아하여 꽃을 피운다고 거품예찬을 펼칩니다. 인간세계도 "거품은 언제나 일기 마련이고 그렇지 않으면 그건 필경 죽은 시스템"이라며 독특한 진단을 내립니다. 자유경쟁 시장에서 수요와 공급은 언제나 출렁이게 마련이라는 것이죠.

맥주의 꽃은 거품이라고들 합니다. 거품은 맥주의 신선도와 맛을 유지시키는 보호막 역할을 한다죠. 무엇보다 부드럽게 입안을 적시는 '첫 모금의 기억' 때문에 또다시 맥주를 찾습니다.

거품현상에 대한 이런저런 이야기를 해봤는데요. '거품은 제거돼야 한다'와 '거품은 역동성이다' 2개의 의견 중 어느 쪽에 공감하세요?

둘 중 하나를 선택한다면, 오늘 강의 의도를 간파하지 못한 거예요.(웃음) 세상의 이치란 부작용과 순작용, 부정과 긍정, 표면과 이면이 함께 존재하죠. 보고 싶은 것, 듣고 싶은 것에만 집착하지 말자는 겁니다.

14-4. '무임승차' 세대 갈등 : 각자 옳은 의견의 충돌!!

> • 지하철만 타면 자리란 자리는 전부 노인들만 앉아가는데 노인을 위한 대중교통입니까
> • 노인 승객들 반값이라도 받아라
> • 65세는 노인이 아닙니다 노인 만75세로 올립시다

VS

> • 지금의 한국 경제를 이루어 놓았더니, 그 자식들에게 무임승차 안된다고 설움을 받네!
> • 그대들은 노인이 안될까요?
> • 65세는 이미 많이 늙었다.. 조그마한 돈이라도 큰 도움이 된다

　서울 지하철 이용객 6명 가운데 1명은 무임승차자이고, 무임승차로 인한 손실은 2019년에 3,709억 원에 달했다고 합니다. 2019년 서울 교통 공사의 적자가 5,865억 원이라고 하니, 적자의 상당 부분이 무임승차에 기인하고 있음을 보여줍니다. 지하철 무임승차를 둘러싼 세대 갈등은 우리 사회 대표적인 쟁점이죠. 사실 복지제도란 것이 한번 실시되면 쉽게 폐지하거나 축소할 수도 없지요.

　뉴스 보도에 대한 댓글들(PPT)을 보면 젊은 세대와 노년세대의 골이 얼마나 깊은가를 보여줍니다.

　네티즌들은 "지하철 자리는 온통 노인들이 차지한다", "우리도 하루종일 시달리느라, 다리가 아프다"고 분노 섞인 불만을 털어놓고 있어요. 노년세대는 "한국경제를 누가 일으켰나? 젊은 너희들의 청년수당은 누구 덕인가?"라며 강하게 반발하고 있지요.

　가장 큰 쟁점은 무임승차할 수 있는 기준이 과연 65세가 적정한가에 있습니다. 65세를 노인으로 규정한 노인복지법은 1981년 제정됐는데요. 1981년 당시 기대 수명은 66.1세였지만, 보건복지부가 발표한 2018년 기대수명은 82.7세입니다. 젊은 세대는 40년 전 기준이

아직까지 적용되고 있다며, 65세는 더 이상 노인이 아니라며 기준을 75세로 올려야 한다고 주장합니다. 중국 유학생들의 얘기로는 중국에선 55세-65세 30% 할인 65-75세는 50% 할인 75세 이상은 무료라고 한다죠.

반면 대한민국의 노년세대는 50대면 강제로 회사에서 밀려나고, 어디 돈 한푼 들어올 데도 없다며 무임승차는 노인들에게 큰 도움이 된다고 하소연하고 있습니다. "너희들은 안 늙을 줄 아냐? 어느새 노인이 된다"며 젊은이들의 야박함을 탓합니다. 여러분은 어느 편에 공감하세요? 대부분 무임승차 반대 아닌가요?(웃음) 나도 몇 년 전만 하더라도 반대 입장이었는데, 이제 급속 '노화중'이다 보니 무임승차 찬성 쪽으로 돌아섰습니다.(웃음)

뉴욕대 조너선 하이트 교수는 "우리와 그들이 다른 느낌을 받고 다른 주장을 하는 이유는 서로 다른 배경이 내재되었기 때문"이라고 말합니다. 그래서 '각자 옳은 의견의 충돌'을 벌이고 있다는 것이죠.

하이트 교수는 한국의 "촛불이냐 태극기냐"라는 세대 대결도 밀레니얼 세대와 베이비 붐 세대의 살아온 배경이 다르기 때문이라고 진단합니다. 즉, 어린 시절 전쟁을 겪었던 부모세대와 번영과 안전을 당연시 여기는 자식세대 간의 갈등이 첨예하게 부딪히고 있다는 거죠.

지하철 무임승차 쟁점도 '각자 옳은 의견의 충돌'이라는 생각이 들어요. 각자 처한 위치와 세대 그리고 이해관계에 따라, 서로의 주장이 첨예하게 부딪히는 거 아닌가 보여집니다. 아마 여러분도 60세가 될 쯤이면 생각이 바뀔 거에요.(웃음)

14-5. 김광석의 죽음과 가정 : 사실(fact)을 장악하라

타살
- 모든게 의문 투성이다
- 99프로 살인입니다
- 동창스키도 공범일 수 있다
- 소송 니가 잘한게 뭐있는데?
  서방 딸 죽이고 ^^^ 뻔뻔스럽네

자살
- 언론·영화를 흉기 삼아 철저한 인격 살해다
- 이번 사건은 여혐 코드 이용한 관음증의 사기극이다
- 마녀사냥의 언론인은 법대로 아주 아작을 내야한다

"타살이냐 자살이냐"

1996년 싱어송라이터 김광석의 죽음은 동시대 사람들에겐 커다란 상실이었죠. 그가 세상을 떠난 지 20년도 지나 죽음에 대한 의혹과 의문이 터져 나온 것도 어쩌면 대중들이 아직도 그를 잊지 못하기 때문일 겁니다.

90년대 초 문화부기자 시절 대학로 학전 소극장에서 김광석을 인터뷰 한 적이 있습니다. 김광석은 당시 소극장에서 노래하는 무명 가수였지만, 자신의 음악에 대한 자부심과 열정은 넘쳐 보였습니다. 인터뷰 내내 유쾌한 표정과 미소를 짓던 모습이 뇌리에 남아 있습니다. 몇 년 후 그의 갑작스런 자살 소식에 안타깝기도 했지만, 참 의아스럽기도 했습니다.

김광석의 타살 의혹을 수면으로 끌어올린 것은 MBC 출신 이상호 기자죠. 2017년 이상호는 직접 감독을 맡은 영화 「김광석」을 통해 타살 의혹에 불을 붙였습니다.

뉴스 댓글에는 김광석의 아내 서혜순에 대한 욕설과 비난 그리고 분노로 가득 찼는데요. "99% 살인이다", "서방과 딸 죽인 x" 등 서 씨를 살인범으로 기정사실화하고 있어요. 반면 "영화를 흉기 삼은 철저한 인격살해다", "무고한 시민에 대한 언론의 마녀사냥이다"는 반대 입장도 팽팽히 맞섰습니다.

사실 내가 〈시사매거진 2580〉의 부장으로 있던 2003년에도 부원으로 있던 이상호 기자가 김광석 타살 의혹을 취재한 적이 있는데요. 이 기자는 십몇 년을 집요하게 김광석 죽음에 매달리고 있었던 겁니다. 당시 나는 증거가 없다며 극구 말렸고, 방송은 '김광석의 삶과 음악세계'만을 다뤘습니다. 당시 김광석의 부인 서혜순 씨가 직접 나에게 전화를 걸어와 자신의 무관함을 호소했지요. 그리고 "만약 타살 의혹이 방송에 나간다면 모든 법정 소송을 불사하겠다"는 위협 발언도 빼놓지 않았어요. 나는 무섭지는 않았지만 떨리더라고요.(웃음)

솔직히 뒷감당이 자신 없었지요. 당시 기사를 보면 의혹과 심증만 있을 뿐 구체적인 물증이 하나도 없었기 때문입니다.

외국에서도 스타의 예고 없는 죽음에 대해서는 유독 질문도 많고 뒷말도 많습니다. 마릴린 몬로의 요절에 대해선 캐네디가 살해를 사주했다든가, 제임스 딘의 교통사고는 여배우의 저주 때문이라는 의혹이 제기됐었죠. 사실 사적 모임에선 흥미 삼아 이런 저런 가정을 할 수도, 또 비난을 할 수 있습니다. 일반인들은 그런 재미로 살아가잖아요?

하지만 언론인이라면 펙트를 근거로 의혹을 제기해야 합니다. 김광석의 죽음에 대해선 '의혹과 질문'도 많지만 사실 무죄 정황도 많아요. 억울한 죽음을 조명한다고, 또 다른 억울한 누명을 씌워서는 안될 거예요.

미국 FBI의 수사관 에이미 허먼은 그의 책 『우아한 관찰주의자』에서 "초기부터 가정할수록 이후의 관찰 내용이 더 많이 왜곡된다"고 말했습니다.

길에서 흑인의 뒤를 이어 제복차림의 백인이 같이 뛰면 사람들은 경찰이 범죄자를 좇는 장면이라고 판단한다는 겁니다. 사실은 흑인 역시 경찰인데도 말이죠. 취재란 것이 의혹과 의심을 갖고 출발하는 것이지만, '가정'에서 출발한다는 것이 얼마나 많은 오류와 위험을 내포하는지 알 수 있습니다. 세상사란 것이 칼로 두부를 베듯이 명쾌하게 선을 그을 수 있는 일은 없지요.

"진실의 반대말은 거짓이 아니라 확신"이라고 니체는 경고한 바 있습니다. 또한 "신념은 거짓말보다 더 위험한 진리의 적"이라고도 말했죠. 강한 신념은 때로 시원한 사이다 같지만 때로 도그마로 빠지게 만드는 양날의 칼이기도 합니다.

기자는 무엇보다 단정적이고 정형화된(stereo-type) 태도를 경계해야 할 겁니다. 저널리스트는 '당신은 정의의 편이냐?'를 묻느냐가 아니라 '무엇이 사실이냐?'를 캐묻는 직업이죠.

"너는 개자식이다'라고 말하고 싶잖아. 하지만 기자는 '너는 개자식'이라고 쓰면 안돼. 그렇게 쓰면 그 자식은 개자식이 안되고, 내가 개자식이 되는 거야. 그 자식이 개자식이라는 말을 입증해야 해."

사회부 기자로도 활약했던 소설가 김훈이 한 말인데요. 기자의 본질은 문장가가 아니라 스파이라는 거죠. 기자는 누군가를 욕하고 싶다면 상대가 꼼짝 못할 정도로 또 역공을 펴지 못하도록 '사실(fact)

을 장악해야 한다'고 강조합니다.

김광석이 타살됐다는 가정은 살인이라는 중차대한 문제이기에 더욱 근거가 명확해야 합니다. 얼마 전 법원은 '허위사실 유포와 원고를 악마라고 표현한 것이 명예훼손이라며 1억 원을 배상하라'고 판결했지요.

아직 사실을 장악하지 못했나요? 그렇다면 지금은 펜을 잡을 때가 아닙니다.

14-6. 구경한 시민이 죄인? : 진실은 훨씬 복합적이고 중층적이다

• 무관심이 무섭네, 신고라도 하지	VS	• 시민이 못 본 척 ㅋㅋ? 흉기를 들고 있는데, 누가 목숨걸고 도와줍니까? • 집에 들어온 도둑놈 때려잡아도 징역 가는데 … 미쳤다고 남의 일에 가담합니까?

20대 남성이 이혼 소송 중이던 아내를 길거리에서 살해한 사건이 있었죠. 방송 뉴스들은 '길거리 살인, 구경만 한 시민' '아내를 못 본 척한 시민'이란 제목으로 보도했습니다. 기사 내용 역시 한 시민이 현장에 있었음에도 구경만 하다 지나쳤다고 질타합니다. 예의 그렇듯 결론은 우리 사회 시민의식의 실종을 고발합니다.

관련 뉴스 댓글(PPT)을 보고 놀랐는데요. 500개가 넘는 댓글 중에서, 뉴스에 공감한 댓글은 "무관심한 현실이 무섭다. 신고라도 하지"

라는 의견으로 단 1개였어요. 나머지 댓글은 '범인이 흉기 들고 있는데, 누가 목숨 걸고 도와줄 수 있느냐'고 반문하고 있어요. 또 못 본 척한 시민을 야단치는 뉴스를 오히려 비난하는 글이 대부분이었습니다. 네티즌들은 살인 사건이 마치 그냥 지나친 시민 때문에 일어난 듯이 보도한 것에 대해 분개하고 있습니다.

여러분이 살인 현장의 목격자라면 어떻게 하겠어요?

뉴스에 나온 목격자처럼 못 본 척 사라지는 게 상책 아닌가요?(웃음)

실제 어두컴컴한 밤에 인적도 없는 주택가에서, 흉기를 든 범인이 날뛰는 현장을 그것도 나 혼자 목격한다면 누구라도 빨리 현장을 피하고 싶지 않을까요? 네티즌들은 공연히 싸움에 끼였다가 부상을 당한다 해도 보상도 없고, 자칫 가해자로 몰릴 수도 있고, 종일 경찰조사를 받아야 되는 현실에서 누가 나설 수 있겠느냐며 반문합니다. 이런 현실을 외면한 채, 마치 방송은 혼자 '의로운 척, 잘난 척' 하는 모습이 가증스럽게 보였던 모양입니다. 나도 '방송쟁이'시절 마이크만 잡으면 왠지 세상이 내 것 같고, 마치 심판자라도 된 듯 준엄하게 꾸짖곤 했지요.(웃음)

언론 입장에선 위험한 상황에서 범인을 제압하는 용감한 시민은 매우 좋은 기사거리죠. 하지만 '용감한 시민'을 찾지 못했다고, 단순 목격자를 '비겁한 시민'으로 몰아가거나 기사거리를 위한 '희생양'으로 삼아서는 안될 겁니다. 목격자를 비난하려면 어떻게 해서든 목격자를 찾아내 왜 그 자리를 피했는지 반론권이라도 들어봤어야 한다는 거죠. 뭔가 목격자 나름의 사연이나 최소한 핑계라도 있지 않겠어요?

진실이란 복합적이고 중층적이어서 어디 한 쪽에만 존재하지 않지요. 세상엔 수많은 '경우의 수'가 존재하고 어쩌면 진실은 가장 모호한 곳에 숨어있는지도 모른다는 사실입니다.

마지막 쟁점 주제로 요즘 젊은 세대들의 '대충 살자' 열풍에 대해 생각해 보죠.

14-7. 열정·패기·도전은 유한한 자원 : 정작 대충 살고 싶을 때 대충 살 수가 없다.

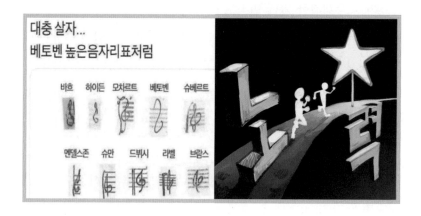

'대충 살자' 시리즈는 재미있는 사진과 함께 '대충 살자, OOO처럼'이란 해시태그를 다는 유머 콘텐츠인데, 그렇게 놀다 보면 정말 유쾌하다는 겁니다. 무의미한 것에서 의미를 찾는 젊은 층을 '무민(無mean)세대'라 한다죠. 한 번도 대충 산 적 없는 청춘들이 오히려 패배자로 내몰리는 '기막힌 현실'을 부정하고 저항하는 유일한 놀이일지도 모릅니다. 사실 대학이, 직장이, 이 사회가 결코 우리를 대충 살도록 내버려두질 않아요. '대충 살자' 놀이는 현실에 대한 반란이자 역설이기도 하겠죠.

"종종 '막 사는 년'이 되고 싶다. 내일이 없을 것처럼 사는 년.

해야 할 일을 내일의 나에게 맡기고 오늘의 나는 방탕하게 사는 년.

'열심'과 '성실'과 '최선'이란 단어를 비웃을 수 있는 년"

인터넷 매체 오마이뉴스에 실린 어느 여성의 글인데, 읽다 보면 나도 한 번쯤 방탕하게 '막사는 놈', '대충대충 사는 놈'이 되고 싶습니다. 정말로 … (웃음)

한쪽에서는 '대충 살자'의 열광이 있는 반면, 한쪽에서는 '노오~오력 하라'가 유행합니다.

가수 유노윤호는 "인간에게 가장 해로운 해충은 대충"이라는 명언을 남겼죠. 유노윤호는 우리 시대 노력과 열정의 아이콘입니다.

사실 위의 여성 필자도 '막사는 년이 되고 싶다'고 하지 '막사는 년이 되겠다'라고 말하진 않아요.

PPT에서 소개된 "대충 살자, 베토벤 높은음자리표처럼" 놀이를 보면 베토벤의 높은 음자리표는 정말 초딩 수준이에요. 하지만 베토벤만큼 마지막까지 불꽃을 태우며 살다간 작곡가도 드물 겁니다. 그가남긴 유서를 봤더니 "마음속에 솟아오르는 예술을 세상에 내놓기 전에는 죽을 수 없다"고 적혀 있습니다. '이대로 죽을 수는 없다'는 유서를 본 적 있나요?(웃음)

베스트 셀러 『하마터면 열심히 살 뻔 했다』의 작가 하완도 제목만 그렇지 참, 열심히 살고 있는 사람이라는 인상을 지울 수 없어요.

하완은 편집 디자이너로 또 일러스트레이터로 직장에서 인정받았죠. 딱 1년만 '막 살아보자'는 생각에서 그는 6년 동안 잘 다니던 회사를 때려치웠다고 말합니다. 하지만 그 1년 동안 온라인 플랫폼인 '브런치'에 꾸준히 그림과 글을 올리기 시작했습니다. 막 살자는 1년이 책을 내기 위한 준비 기간이었던 셈입니다.

회사를 그만두고서 책을 저술한다는 게, 일반인들은 엄두가 잘 안 나잖아요? 책을 보면 본인이 직접 일러스트를 그리고 거기에 맞춰 글을 쓰는 솜씨도 탁월해요. 또 아이디어와 감각도 남달라요. 하완은 회사에 다니지 않고서도 혼자 먹고 살 수 있는 재능을 갖고 있어요. 내가 보기엔 하완은 결코 대~~충 살지도 않았고, 지금도 치밀하게 미래를 준비하는 사람으로 보여요. 본인은 나이 마흔 살까지 열심히 살았고 또 지금도 맹렬하게 살고 있으면서, 가증스럽게도 『하마터면 열심히 살 뻔했다』며 독자를 현혹시켜요.(웃음)

여러분도 하완처럼 40세까지는 열정적으로 도전하다가 지치면, 1년 정도 흘러가는 대로 살든가 결대로 살든가 막 살아도 됩니다. 젊은 날부터 '대충 살자' 주의는 정말 위험스러워요.(웃음)

모든 쟁점이 답이 없다고 말했지만, '대충 살자 VS 노~~~력하자'의 쟁점만큼은 답이 있습니다. 대충 살다간 요즘 말로 '욜로(Yolo) 좇다가 골로 갑니다.'(웃음)

열정·패기·도전도 돈과 젊음처럼 유한한 자원이라고 하죠. 훗날 정작 대충 살고 싶을 때 대충 살 수가 없어요.

음악천재로 불리는 가수 헨리는 한 잡지와의 인터뷰에서 스스로 천재형이 아니라 노력형이라고 말합니다. 바이올린 천재소리를 듣지만, 정작 자신은 느려서 밤새 연습해야 된다고 고백합니다. 모든 결과는 노력에 의해서 만들어진다고 생각한다며 어렸을 때부터 원하는 바가 있으면 노력하는 습관이 몸에 배어있다고 해요. 노력하는 천재를 이길 수는 없다고 하는데 바로 헨리가 단적인 사례 아닐까요?

'갓은숙'으로 불리는 김은숙은 스타작가로 불리죠.

「태양의 후예」, 「도깨비」 등 그가 집필한 드라마마다 빅히트했습니다. 작가로선 이례적으로 백상예술대상에서 첫 대상을 차지했습니다.

"성공하기 전엔 매 순간 (부끄러워 발로 이불을 차는) '이불킥'이었다.

잘 쓴 글을 보면 질투가 났다.

지금도 글이 될 때까지 컴퓨터 앞에 앉아 나를 괴롭힌다.

영감은 절대 스스로 찾아오지 않기 때문이다."

작가는 한 언론과의 인터뷰에서 자신의 명대사와 재치 넘치는 대사가 탄생한 과정을 얘기했는데요. 놀랍게도 비결은 아주 평범한 두 글자 OO인데요. 무엇인지 아나요? OO은 바로 "노력"입니다.

아무리 지혜가 안 나와도 3년이면 지혜가 나온다고 합니다. 다른 말로 3년이면 뭐든지 바꿀 수 있다는 얘기입니다.

김연아, 박세리, 박지성 등 불세출의 운동선수들의 인터뷰를 보면 공통점이 있더라고요. "집중한 게 통했다", "더 집중해서 좋은 성적 내겠다"라는 말입니다. "몰입은 잠재된 능력을 끌어내는 기술"이라고 합니다. 어렸을 적 작은 돋보기지만, 햇볕을 통하면 불이 붙는다는 것을 확인했잖아요.

여러분, 직장생활을 하다 보면 몰두(집중)할 수가 없어요. 이리저리 치이다 보면 지식을 쌓고, 직관력의 근육을 키우기 어렵습니다. 대

학 4년간, 3년 동안만 몰입해 보세요. 1년은 후회 없이 막 살아도 됩니다.(웃음)

"모든 동물은 섹스 후에 우울하다"(Post coitum omne animal triste est)

한동일 교수의 저서 『라틴어 수업』에 나오는 글인데요.

누구나 '고대하던 순간이 격렬하게 지나고나면 허무함을 느낀다'는 것이죠. 한동일은 공부든 사랑이든 무엇이든, 그만큼 노력한 후에 찾아오는 우울함을 경험해보자고 권유합니다.

여러분은 격렬하게 노~~력한 이후 우울함을 느낀 적이 있나요?

결코 그러고 싶지 않다고요?(웃음)

사실 격렬하게 노력해놓고 실패한다면, 그야말로 우울한 일이겠죠.(웃음) 열정을 쏟아 붓고 '성취의 맛'을 본 이후, 우울해집시다.

다음 주엔 학기말 시험인데요.

마지막 1주, 가열 차게 공부하자고요. 좋은 성적 나와야 되잖아요!

성적 공개 후에 제발 나한테 따지지 말고.(웃음)

쾌재를 부르며 … 고대하던 방학 맞이하길 바랍니다.

강의 첫 시간 때 수업이 끝나면, 고개를 들어 푸른 하늘을 쳐다보라고 했죠? 솜사탕 떠도는 창공을 바라보며 긴 호흡을 3번 하세요. 거짓말같이 짜증과 불안 우울증이 사라집니다. 여러분은 나를 믿으셔야 합니다.(웃음)

이만 물러갑니다. 안녕!!!

에필로그 / 아듀!!! … THE '유쾌한 기억'

　　1주 2주 3주 … 14주 15주를 지나 16주 학기말 시험까지 마쳤네요. 시간이란 놈은 참 어김없죠. 기여코 성적평가란 잔인한 시절이 왔으니까요.

　　강의를 통해서 글과 콘텐츠 모두 정답이 없다고 누누이 강조했었죠.

　　정답도 없는 '글과 콘텐츠'를 놓고 점수를 매긴다는 것이 늘상 비상식적이고 불합리하다는 생각을 떨굴 수가 없어요. 결국 무정한 현실 앞에 굴복합니다.

방금 평가를 끝냈습니다. 혹시 성에 차지 않은 점수를 받고 속상하고 화나더라도 '정모' 씨와는 참 의견이 다르구나 하고 치부하시길 바래요. 두려운 건 … 어쩌면 이 놈의 평가라는 것이 우리의 좋았던 기억마저 왜곡시키기 때문이겠죠.

기말고사를 채점하고 학기를 마치면서 친구들의 글빨과 구라빨이 훌쩍 늘어났음을 확인했어요. '강의가 괜찮았나'(?) 하며 자뻑에 빠져봅니다. ㅋ

사실 누구보다도 열심히 공부하고 많이 배운 건 '나' 일겁니다. 여러분의 톡톡 튀는 감각과 색다른 표현 방식은 종종 신선한 놀람이었답니다.

강의 중에, 콘텐츠든 글이든 누군가에 기억에 남아야 한다고 말했는데요. 과연 내 강의는 과연 학생들에게 기억에 남았는지, 도움이 되기나 한 건지 자문과 자책을 해봅니다. 다른 건 몰라도 아마 피자와 햄버거를 함께 나누던 것은 기억나겠죠. 피자 한 조각에 여러분의 표정과 리액션이 확 달라짐을 느꼈어요. ㅎㅎ

강의 준비하면서 늘 신경쓴 게 … '재미'였지요. 강의하면서도 말했듯 이 'NO 잼'은 용서받을 수 없잖아요. 나름 강의 구성에도 신경쓰고, 아재 개그도 꽤 준비했지요. 때론 반응이 썰렁해서 ... 당황한 적도 엄청 많았어요. ㅋ

이제 신나는 방학입니다.

어느 학생의 학기말 시험 답안지를 보니, 방학도 또 다른 학기라며 자조하는 글을 썼더군요. "1년에 4학기 다녀요"라는 제목도 있더라고요. 돌이켜보면 무작정 책에 파묻히기도 하고 정처 없이 친구들과 돌아다니던 방학이 인생의 자양분이 되지 않았나 느껴져요.

수필가 피천득은 말했죠. "맛은 정확성에 있고 멋은 파격에 있다"고 …

우리의 글도 그리고 삶도 … 마찬가지 아닐까 생각해요. 꼭 정도(正道)를 따르되 때론 파격을 곁들이세요. 너무 정확한 사람은 매력이 없고 매사가 파격적인 사람은 골치 아프죠. 펄펄 끓는 열정을 갖되 때론 '쿨'한 심장도 필요하죠. 인간과 시대를 기록하겠다는 저널리스트의 열망이 있다면, 냉정한 균형감각을 갖춰야 할 겁니다.

또 하나 독종과 뻔뻔함을 주문하고 싶어요. 여러분이 상아탑을 떠나 마주하는 경쟁 상대 선수들과 세상은 간단치 않습니다. 누구도 '나'를 위한 자리를 마련하거나 배려하지 않아요. 우리가 독해져야 할 이유입니다.

이제 세상은 매력적인 스토리를 가진 사람이 환영받습니다. 상아탑의 지성과 낭만, 청춘의 좌절과 아픔 … 모두가 '나만의 이야기'가 될 것입니다.

지금은 작은 날개짓이지만 … 훗날 드높은 비상(飛上)이기를 응원합니다.

함께 한 시간과 공간 '금요일 그리고 703호'는 더할 나위 없이 좋았어요. 마지막 수업 때 우뢰(?)와 같은 여러분의 박수소리는 잊지 못할 거

에요.('드디어 끝났구나' 해서 친 박수인가요? … ㅋ)

'THE 유쾌한 기억'으로 오래 남을 겁니다.

늘 뻥치면서 자랑하고 다닐겁니다 … 하하

ps.. 보고파지면 어쩌죠 … !

참고문헌

- 김동욱 『결국, 컨셉』 청림출판 2018
- 가와카미 데쓰야 『일언력』 (주) 쌤앤파커스 2018
- 박성재 『재미있게 말하는 사람이 성공한다』 책이있는 마을 2018
- 이어령 정형모 『이어령의 지의 최전선』 아르테 2017
- 정덕현 『다큐처럼 일하고 예능처럼 신나게』 중앙북스 2015
- 박경덕 『프로작가의 탐나는 글쓰기』 도서출판 길벗 2016
- 이준삼 『스케치 글쓰기 특강』 해냄출판사 2010
- 서민 『서민적 글쓰기』 생각정원 2015
- 박래부 『좋은 기사를 위한 문학적 글쓰기』 한울 아카데미 2014
- 장석주 『글쓰기는 스타일이다』 중앙북스 2015
- 강원국 『대통령의 글쓰기』 (주)메디치미디어 2016
- 윤태영 『글쓰기 노트』 책담 2014
- 고가 후미타케 『작가의 문장수업』 (주) 경향비피 2015
- 루이즈 디살보 『최고의 작가들은 어떻게 글을 쓰는가』 도서출판 예문 2015
- 한정원 『명사들의 문장강화』 나무의 철학 2014
- 카와카미 테츠야 『당신의 글에는 결정적 한방이 있는가』 토트출판사 2017
- 임흥식 『방송 뉴스 기사쓰기』 (주)나남 2014
- 신성진 『스토리로 승부하라』 (주) 새로운 제안 2015
- 박성희 『현대 미디어 인터뷰』 (주) 나남 2013
- 김상균 『누구를 위한 뉴스였나』 (주) 나남 2014
- 안수찬 『기자, 그 매력적인 이름을 갖다』 인물과 사상사 2014
- 알랭드 보통 『뉴스의 시대』 문학동네 2014
- 빌 코바치 / 톰 로젠스틸 『저널리즘의 기본원칙』 한국언론진흥재단 2014
- 이기주 『언어의 온도』 말글터 2018
- 한동일 『라틴어 수업』 흐름 출판 2017
- 김훈 『너는 어느 쪽이냐고 묻는 말들에 대하여』 생각의 나무 2010
- 다니엘 밀로 『미래 중독자』 청림출판 2017
- 허의도 『미디어 혁신에 관한 거의 모든 시선 M-everything』 프리스마 2011
- 한국 외국어대학교 언론정보학부 엮음 『미디어 커뮤니케이션의 이해』 도서출판 한울 2010

방송문화진흥총서 212

NO잼'은 용서가 안된다

- 아주 잼있고 유익한 특강 -

초판인쇄 2021 4월 5일 / 초판 발행 2021년 4월 15일 / 저자 정관웅 / 펴낸이 임용호 / 펴낸 곳 도서
출판 종문화사 / 편집디자인 디자인오감 / 인쇄 천일문화사 / 제본 영글문화사 / 출판등록 1994년
4월 1일 제22-392 / 주소 서울 은평구 연서로 34길 2 3층 / 전화 02)735-6891, 팩스 02)735-6892 /
E-mail jongmhs@hanmail.net / 값 18,000원 / © 2021 Jong Munhwasa printed in Korea / ISBN
979-11-87141-70-9-03301